GRACE

지금까지 살아온 고백들

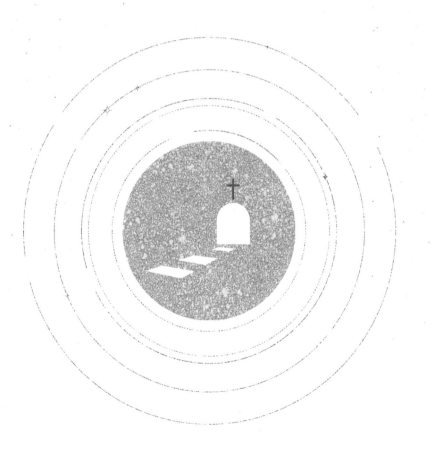

추천사

은혜의 시대

저의 목회 철학은 김성길 목사님께 4년 동안 배우면서 형성된 것이라고 기회 있을 때마다 간증하는데, 총신 신대원 재학 중이던 1989년 12월 처음으로 뵈었으니, 35년이 넘었습니다. 부족하지만 그 때 배운 경험으로 60대 후반까지 목회해 올 수 있었습니다. 목사님의 인생을 한두 마디로 요약할 수 없지만, 크게 '고난과 은혜의 시대'로 나눌 수 있다고 생각합니다.

대대로 예수 믿는, 의사이자 목사이신 할아버지를 둔 가정에서 태어난 것은 큰 복이지만, 한국 전쟁 때문에 이산가족이 되어 보육원에서 어린 시절을 보내신 것은 혹독한 고난과 시련의 시간이었을 것입니다. 그 시절 끼니 때마다 성경을 암송하시던 이야기와 용돈이라도 생기면 깨끗이 닦아 몽땅 헌금하시던 일화를 자주 말씀해 주셨습니다.

한국과 오대양 육대주를 오가시는 부흥사요 감동적인 설교자로서의 훈련은 그 고난의 시절에 이루어진 것이 틀림없다는 생각을 여러 번 했습니다. 목사님의 설교 원고를 정리할 때 성경 구절 곳곳이 공란으로 되어 있었던 것을 보았고, 실제 설교하실 때 힘 있게 암송하시면서 전하시므로 큰 감동과 도전을 받은 것은 물론, 저에게는 선망의 대상이 되셨습니다.

카리스마가 넘치는 분이었지만 자제할 줄 아셨으며, 한 번 맡기시면 끝까지 믿고 기다려 주셨습니다. 수요 예배 활성화를 위해 강사 초청하는 일을 맡겨 주셨는데 한 번도 '그 강사는 안 된다'라고 하신 적이 없으셨습니다.

큰 수술을 받는 날 단숨에 달려오셔서 기도해 주신 일을 잊을 수 없고, 부교역자 출신인 저를 불러 사경회를 인도하게 하신 흔치 않은 일도 또한 감사하지 않을 수 없습니다. 목사님 내외분께 받은 사랑을 다 갚을 수 없어, 그저 목사님 내외분의 생애와 50주년을 맞는 시은소교회 앞에 <은혜의 시대>가 계속되기만을 기도할 뿐입니다. 목사님의 저서 <GRACE>는 하나님 앞에 선 목사님의 삶, 그 자체이자 진솔한 고백이기에, 많은 분께 깊은 감동을 전해주실 것으로 믿습니다.

김기철 목사 | 정읍 성광교회

저는 중학교 3학년 시절의 어느 날, 갑작스러운 아버지의 선언으로 교회에 첫발을 들여놓게 되었습니다. 그로부터 시작된 저의 신앙생활의 중심에는 잊을 수 없는 소중한 분이 계셨습니다. 당시 저는 친한 친구의 죽음으로부터 시작된 인생에 대한 고민으로 마음의 방황을 해결할 길이 없었습니다. 절에도 찾아가 보았지만, 해답을 찾지 못했습니다. 그러다가 하나님의 은혜 안에서 교회에 다니게 되면서 인생에 대한 해답을 찾게 된 것입니다. 그 길을 찾도록 안내해 주신 분이 김성길 목사님이십니다. 목사님은 저의 인생에서 잊을 수 없는 축복이셨으며, 평생 감사의 제목이었습니다. 저는 목사님과의 만남으로 인해 절망과 회의를 넘어서 인생에 대한 새로운 미래를 꿈꾸게 되었습니다.

김성길 목사님은 그 당시에 진지한 열정과 인간적인 순수함을 겸비한 젊은 전도사님이셨습니다. 전도사님께 배우는 성경의 가르침은 그 당시 말로 다 표현할 수 없는, 그야말로 감격과 감사의 연속이었습니다. 여러 학생 틈에서 성경을 가르쳐 주시는 전도사님과의 계속되는 만남을 통해 저는 알고자 했고 얻고자 했던 모든 것을 하나씩 깨달을 수 있었습니다. 매주 계속되는 성경 말씀과의 접촉 속에서 저의 생각과 살아갈 길이 서서히 정리되었습니다. 그때부터 저는 기도를 겸한 일기를 쓰는 습관을 갖게 되었고, 생각과 결심을 그날그날 일기에 요약하고 정리하게 되었습니다. 이렇게 하다 보니 말씀의 이해가 깊어지고 매일 기쁨과 감사로 보내게 되었습니다. 날마다 하나님께 의존하는 의미 있는 나날의 연속이었습니다. 목사님의 그 가르침으로 인해 저는 신학대학 진학과 유학을 거쳐 목회자와 신학자의 길을 걷게 되었습니다. 김성길 목사님의 가르침과 삶을 통해 유난히도 많은 목회자와 사모들이 배출되었습니다. 아무리 생각해도 참으로 감사한 하나님의 손길이 아닐 수 없습니다.

교회 개척에서 오늘의 시은소 50여 년의 역사에 이르기까지, 저는 거의 약 60여 년의 세월을 목사님과 함께했습니다. 그 기간을 되돌아보니 목사님의 사역이 오직 하나님의 은혜의 역사였다는 것을 알 수 있었습니다. 목사님께서는 그 은혜와 사랑에 보답하기 위해 그야말로 맨손과 맨주먹으로 시작하여 오늘날까지 주의 교회를 열정으로 섬기셨습니다. 시은소 50주년이라는 세월은 파란만장하면서도 은혜 중심이었던 김성길 목사님의 개인 역사와 다를 바 없으며, 동시에 한 인간을 이 땅에 보내신 하나님의 뜻을 이루는 위대한 역사의 시간임이 틀림없습니다. 김성길 목사님의 이 책에는 그 은혜의 기록이 오롯이 담겨 있습니다. 인간의 육신이 무상한 세월의 흐름을 피할 수는 없을지라도, 여전히 하나님의 은혜 안에서 변함없는 축복의 날들이 목사님과 늘 함께하시기를 기도합니다. "목사님, 예전처럼 변함없이 늘 건강하십시오!"

문석호 목사 | 전 총신대학교 교수

저는 신학대학원 2학년 때 교육전도사로 첫 사역을 시작했습니다. 바로 저자인 김성길 목사님께서 시무하시던 시은소교회(前 남문교회)에서입니다. 부임한 지 얼마 되지 않았을 때부터 알게 된 것이 있습니다. 목사님의 목회는 그야말로 성령 충만을 통한 영적 목회이고, 동시에 교인 한 사람 한 사람을 친가족처럼 돌보고 챙기는 너무나 인격적인 목회라는 것을 말입니다. 따로 목회에 관해 말씀하지는 않으셨지만 마치 멘토링을 받듯 저 자신의 부족함을 보게 되었고, 저역시 기도에 몰입하고 영적인 목회를 추구해야겠다는 강한 동기부

여를 받을 수 있었습니다. 교육전도사 시절에 목사님의 목회와 삶을 통해 목회의 본질적 기초를 보고 배울 수 있었던 것이 저에게는 실로 큰 축복이었습니다.

수십 년 세월이 흐른 지금도 당시 목사님께서 설교하실 때가 떠오릅니다. 고난과 궁핍 가득한 고아 시절에 드린 헌신과 그것을 하나님이 어떻게 갚아주셨는지를 말씀하실 때면, 저를 비롯하여 모든 성도가 너무나 큰 은혜를 받곤 했습니다. 그리고 늘 강조하시던 "하나님께 가까이 함이 내게 복이라"라는 성경의 말씀이 목사님의 삶을 통해 증명되는 것을 보며, 나도 그렇게 살고 싶다는 거룩한 도전 의식을 느끼곤 했습니다. 목사님은 삶으로 설교해 내는 분이셨습니다.

그러한 분이 쓰신 이 책을 무엇으로 비유할 수 있을까요? 마치 백병전 난무한 전장에서 잔뼈가 굵은 백전노장의 고백처럼, 목회의 최일선에서 승리한 존경할 만한 한 목회자의 간증과 목회 철학이 담겨 있는 금과옥조라고 할 수 있을 것입니다. 무엇보다 이 책에 담긴 하나님의 은혜에 대한 겸손한 고백을 통해, 독자 역시 은혜에 대한 갈급한 심령을 갖게 될 것입니다.

그렇기에 비단 목회자나 신학생뿐 아니라 제가 만나는 모든 크리스천에게 자신 있게 이 책을 권합니다. 책을 덮을 때면 누구나 다음과 같이 기도하게 될 것입니다. "주님, 제 인생에도 은혜를 부어 주소서!"

길요나 목사 | 왕성교회

존경하는 김성길 목사님의 반백년 목회의 여정을 담은 책, <GRACE>가 출간되어 너무나도 기쁘게 생각합니다. 최근 어디를 가나 '시그니처(signature)'라는 단어를 자주 접합니다. 원뜻은 본인 고유의 필체인 '서명'을 뜻하지만, 요즘은 어떤 장소를 대표할 만한 특징적인 것을 나타낼 때 사용됩니다. 레스토랑에 시그니처 요리가 있듯이 말이지요. 그런데 사람에게도 시그니처가 있습니다. 아브라함 하면 '믿음', 이삭 하면 '순종'이 떠오르듯 말입니다. 그런데 김성길 목사님에게도 그만의 시그니처가 있습니다. 그것은 이 책 제목처럼 '은혜'입니다.

유명한 기독교 작가인 필립 얀시(Philip Yancey)는 '은혜'라는 단어는 절대로 상하지 않는 단어라고 했습니다. 그래서일까요? 성도들은 '모든 것이 하나님의 은혜입니다'라고 하면 가슴이 뭉클해집니다. 김성길 목사님 역시 이 책에서 고백합니다. '당신이 걸어오신 여정은 모두 하나님의 은혜였다'고 말입니다. 그렇습니다. 목사님은 그 은혜의 힘으로 당신의 이름처럼 거룩한 길을 달려오신 믿음의 목회자요, 은혜의 설교자이십니다. 그래서인지 책의 갈피마다 평생 은혜로 살아온 노(老) 목회자의 하나님 사랑, 교회 사랑, 성도 사랑이 녹아 있음을 보게 됩니다.

누군가가 그러더군요. '기억을 기록하는 행위는 인간다움을 잃지 않으려는 노력'이라고 말입니다. 내가 누구인지, 내가 어디로 가고 있는지, 내가 무엇을 위해 사는지 기억나지 않을 때, 길을 잃지 않기 위해 기록한다고 말입니다. 분명 김성길 목사님의 <GRACE>를 읽는 독자들 또한 지면에 실린 생생한 글들을 통해 인생의 길을 찾고 흔들리지 않는 삶의 길을 걸어가리라 확신합니다. 특별히 이 시대 교회와 목회자들에게 던지는 돌직구 같은 메시지는 식어진 우리의 가슴을 뜨겁게 하며, 영권 있는 신앙과 목회가 무엇인지를 돌아보게 할 겁니다. 그래서 '하나님 중심, 말씀 중심, 교회 중심'의 목회를 꿈꾸는 이들에게 성경 옆에 두고 읽을 목회의 필독서로 강력히 추천하는 바입니다.

고즈넉한 수원 화성이 보이는 목양실에서….

김근영 목사 ㅣ 수원제일교회

GRACE

지금까지 살아온 고백들

목차

힘들 때, 경제적 어려움 속에 서도 믿음을 지키는 길은?

여는말 _

할렐루야!

먼저 은혜로우신 하나님 아버지께 감사와 찬양을 올려드립니다. 모든 면에서 부족하고 보잘것없는 저를 목회자로 인정해 주시고, 시은소교회를 세우는 일에 협력해 주신 모든 성도님과 사랑하는 아내와 자녀들에게 진심으로 감사드립니다. 시은소교회 설립 50주년을 맞이하여 지나온 세월을 돌이켜보면, 모든 사건이 하나님의 기적과 은혜였음을 고백하며 머리 숙여 감사드릴 따름입니다.

저는 신앙적으로는 4대째며, 조부님께서는 목사님이셨습니다. 아버지는 제과점을 운영하시는 비교적 부유한 환경에서 태어난, 소위 '금수저'였습니다. 그러나 한국전쟁(6·25전쟁)은 저를 하루아침에 생고아로 만들었습니다. 평양에서 대구로 피란 온 저는 흙수저라고 할 것도 없이, 그야말로 집도 절도 없는 '천애의 고아(天涯의 孤兒)' 신세가 되었습니다. 그 후 약 13년간 3곳의 고아원을 전전하다가 열아홉 살이 되자 고아원에서도 나와야 했습니다.

갈 곳 없는 처지가 된 저는 당시 원장님이 주신 2천 원으로 치사량의 수면제와 쇼펜하우어의 '삶과 죽음의 번뇌'라는 책 한 권을 사들고, 대구 근교 주암산으로 올라갔습니다. 때는 1964년 12월 27일, 한겨울이었습니다. 하나님의 응답이 없으면 죽을 각오로 기도했습니다. 역시 하나님 아버지는 사랑이셨습니다.

사흘째 되던 새벽에 저의 오감이 알아들을 수 있도록 응답하셨고, 그 순간 확신과 담대함, 그리고 희망이 저를 사로잡았습니다. 산에서 내려오니, 마치 선약이라도 해 둔 것처럼 대구 '평리동교회'에서 담임 전도사로 초청받았습니다. 그것이 제 목회의 출발점이었고, 어느덧 61년의 세월이 흘러갔으며, 시은소교회를 개척한 지도 50년, 희년(禧年)을 맞이하게 되었습니다.

어떤 분들은 제게 묻습니다. "어떻게 그렇게 성공적인 목회를 하실 수 있었습니까?" 심지어 제가 존경하는 총신대학교 신학대학원의 스승이신 박 모 교수님께서 우리 집을 찾아오신 적이 있었습니다. 교수님은 제게 목회 성공의 비결을 단 한 가지만이라도 알려 달라고 참으로 간절히 청하셨으나 말씀드리지 못했습니다. 감히 말씀드릴 수가 없었던 것입니다. 지금 이 지면을 빌려 밝힌다면, 모든 것은 오직 저의 아버지 하나님께서 하셨습니다.

솔직히 고백하건대, 저는 여느 목회자분들처럼 특별한 역량이 있는 것도 아니며, 어쩌면 그분들의 보편적인 수준에도 미치지 못하는 목회자였습니다. 그래서 이렇다 할 기획이나 전략, 또는 내세울 만한 프로그램 하나 제대로 갖추지 못했고, 심지어 남들처럼 기도 생활에 온전히 매진하지도 못했음을 고백합니다.

다만 한 가지, 이것만은 제 목회의 중심이었습니다. 그것은 바로 하나님의 크신 은혜에 늘 감사하며, 그 받은 은혜와 사랑을 성도들과 이웃에게 나누어야 한다는 마음가짐이었습니다. '희생이 권위이며, 헌신이 능력이다.'라는 신념을 품고 육십여 년간 목양일념(牧羊一念)으로 섬겨왔습니다. 물론, 그 희생과 헌신의 삶을 온전히 살아냈다고 감히 자부할 수는 없습니다.

무한히 자비하시고 사랑이 풍성하신 하나님 아버지께서는, 제가 이 정도의 생각조차 품는 것을 어여삐 보아주셨다고 믿습니다. '죽기를 각오한 자를 더 죽일 일도 없지 않겠는가?' 하는 심정이었으니까요.

저는 시온소교회에서나 주변 사람들에게 제가 고아원 출신이라는 사실을 굳이 숨기지 않고 밝히며 살아왔습니다. 사소한 일로도 인신공격을 받기 쉬운 것이 지도자, 특히 목회자의 세계임을 저라고 왜 모르겠습니까? 심지어 어떤 분들은 "목사님, 고아 이야기는 이제 그만하십시오."라며 진심으로 걱정해 주시는 분들도 적지 않습니다. 그 마음을 고맙게 생각합니다. 제 아내와 아들들, 특히 네 명의 며느리와 열 명의 손자 손녀들, 그리고 사돈댁에 혹여 누가 되지는 않을까 염려하는 마음이 저에게인들 왜 없겠습니까? 저와 같은 고아원 출신 목회자들마저 저를 조심스럽게 대한다는 사실을 제가 모를 리 있겠습니까?

그런데도 저의 이러한 태도에는 분명한 이유가 있습니다. '저처럼 철저히 소외되었던 사람도 하나님 아버지께서 이처럼 귀하게 들어 쓰신다'라는 살아있는 간증을 통해, 어려운 처지에 놓인 많은 분께 진정한 위로와 소망을 전하고 싶기 때문입니다.

저같이 낮고 보잘것없는 자를 목회자로 세워주신 하나님께 엎드려 경배하며 눈물로 감사드립니다. 그리고 부족하고 자격 없는 저를 목회자로 인정해 주시고 지난 오십 년간 믿음의 여정을 함께해 온 시은소교회 모든 성도님께 이 지면을 빌려 마음 깊이 감사의 인사를 전합니다.

하나님 아버지, 감사합니다. 하나님 아버지, 죄송합니다.
저같이 낮고 천한 사람을 사랑하시어 목회자로 삼아 주시고, 필설로는 다 형용할 수 없는 크신 은혜와 넘치는 복으로 채워 주신 하나님 아버지께 엎드려 경배와 찬양을 드립니다. 동시에, 베풀어 주신 그 은혜와 내려주신 복에 만분의 일도 보답하지 못한 지난 삶을 회개하며, 송구한 마음을 금할 길이 없습니다.

이것이 저의 간증이요, 이것이 저의 고백이며, 이것이 저의 찬송입니다.

이 글을 읽는 모든 분 위에 아버지 하나님의 크신 사랑과 위로, 그리고 넘치는 축복이 함께하시기를 간절히 기원합니다.

시은소교회 원로 목사 김성길

/   시작의 자리에서

·나는 시은소교회를 왜 개척했는가?

·이 책이 던지는 메시지는 무엇인가?

·나에게 시은소교회란 무엇인가?

·이 책을 통해서 성도에게 하고 싶은 말은 무엇인가?

·교회가 부흥하는 힘은 어디에서 오는가?

대담자

오늘 이렇게 귀한 자리에 함께해 주셔서 감사합니다. 목사님께서는 오랜 세월 목회 현장에서뿐 아니라 수원 지역 사회와 다양한 기독교 단체에서 중요한 역할을 감당해 오셨는데요. 본격적으로 대담을 시작하기에 앞서, 먼저 목사님께서 직접 걸어오신 신앙의 여정과 지금까지의 삶을 간단히 소개해 주시면 좋겠습니다.

김성길 목사님

오늘 이 자리에 초청해 주셔서 감사드립니다. 제가 걸어온 신앙의 여정을 돌아볼 때 무엇보다 가장 의미 있고 중요한 일은 역시 하나님께서 부족한 저를 통해 수원에 시은소교회를 세우고, 지금까지 목회 현장에서 성도들과 함께 신앙공동체를 이루어 온 일이라고 생각합니다. 교회를 개척하여 성장시키고 목회를 이어가는 과정에서 때로는 어려움도 있었지만, 하나님께서 그때마다 은혜로 역사해 주셨기에 오늘까지 올 수 있었습니다.

교회 목회를 중심으로 사역해 오면서 하나님께서 여러 직임과 사역들을 감당하도록 인도해 주셨습니다. GMS 총회 세계선교회 이사장, 한국 기독교 성령 100주년 대회 대표회장, 사단법인 세계성령운동중앙협의회 세계성신클럽 17대 회장 등을 역임하며 한국 교회의 영적 회복과 세계 선교의 비전을 품고 사역할 수 있었던 것도 감사한 일입니다. 또한 경기도 및 수원시 기독교 연합회 회장, 수원경찰서 경목회 회장, 한국해비타트 경기지부 이사장 등 지역 사회 속에서 교회의 역할과 사회적 책임을 다하는 일에도 뜻을 두고 최선을 다해 섬기려 노력했습니다. 지금은 시은소교회의 원로목사로서 후배 목회자들과 성도들을 위해 기도하며, 코람데오 바이블 아카데미 이사장으로서 다음 세대가 하나님의 말씀 위에 견고히 서도록 돕는 일에 지속적으로 헌신하고 있습니다.

나는 시은소교회를 왜 개척했는가?

대담자

처음 드리고 싶었던 질문은 이겁니다. 교회 이름을 왜 수원 남문교회에서 시은소 교회로 바꾸셨는지, 그리고 어떤 목표를 가지고 여기까지 오시게 되었는지 먼저 이야기해 주시면 좋겠습니다.

김성길 목사님

아, 그때를 생각하면 지금도 가슴이 뭉클합니다. 남문교회는 정말 아무것도 없는 상태에서 시작했어요. 땅 한 평 없었고, 교인도, 돈도 없었지요. 하지만 모든 것이 하나님의 은혜로 이루어졌습니다. 5년간 개척하여 목회하던 오산제일교회를 사임하고, 수원에서 교회를 개척하기 위해 올라왔을 때, 제 손에는 그야말로 빈손뿐이었습니다. 그런데도 4월부터 6월까지, 단 두 달 만에 땅을 사고 예배당을 짓고, 사택까지 마련하며 헌당을 마쳤습니다. 지금 생각해도 기적 같은 시간이었지요. 그 과정에서 중요한 깨달음을 하나 얻었어요. 교회가 성장하려면 중심부에 자리 잡아야 한다는 사실이었지요. 그래서 예배당을 막 지은 후였지만, 곧바로 군청 근처 중심부로 이동하기로 마음먹었습니다. 거기서 땅을 구매하고 건축 허가를 준비했는데, 생각보다 쉽지 않았습니다. 주변의 반대도 있었고, 심지어 정치적인 방해까지 겪어야 했어요. 그 당시 교회가 부흥하면 선배 목회자들이 교회를 흔들어 자신들이 차지하려는 일도 종종 있었습니다. 하지만 그런 어려움 속에서도 저는 기도했고, 하나님께서 새로운 방향으로 이끄신다는 것을 확신했습니다. 그때 수원이 제 마음속에 들어왔지요.

수원은 경기도 도청 소재지로 정말 중요한 도시였습니다. 그렇게 오산에서의 사역을 마치고, 아무것도 없는 상태로 수원에 도착했어요. 똑같이 교인도, 재정도 없는 시작이었지만, 하나님의 은혜는 놀라웠습니다. 처음 만난 장로님들과 성도님들이 얼마나 헌신적이셨는지 모릅니다. 그분들의 마음과 손길로 교회는 지역에서 초교파적으로 인정받는 공동체로 성장할 수 있었습니다. 그 모든 시간을 돌아보면, 분명히 깨닫게 되는 것이 있습니다. 하나님의 사역은 우리의 부족함이나 한계를 넘어선다는 사실이에요. 때로는 우리에게 아무것도 없는 것처럼 느껴져도, 믿음과 헌신 위에 하나님께서 놀라운 일을 이루시는 모습을 보았습니다. 교회는 단순히 벽돌과 시멘트로 지어진 건물이 아니에요. 그것은 하나님의 살아계심과 일 하심을 드러내는 공동체라는 걸, 그 모든 경험을 통해 다시금 깨닫게 되었지요.

대담자

그럼 목사님, 남문교회 개척 당시 개척 멤버가 없으셨던 건가요?

김성길 목사님

제가 신학 대학에 입학했을 때, 국어 교수님이셨던 한 목사님이 제게 이런 말씀을 하신 적이 있습니다. "목회자는 오이나 호박을 자르듯 깔끔하게 떠나야 합니다. 떠날 때 교회에 미련을 두거나 후임자에게 부담을 주어서는 안 됩니다. 후임자가 교인들과 빨리 화합할 수 있도록 돕는 것이 목회자의 마지막 예의입니다." 그 말씀은 제 목회 여정에 깊은 울림을 주었고, 제 삶 속에 지침이 되었습니다. 그래서 오산 지역을 떠나기로 결심했을 때, 저는 단 한 사람에게도 남문교회 개척 이야기를 알리지 않았습니다. 모든 것을 정리하고, 아무런 흔적도 남기지 않은 채 수원으로 향했습니다. 제 마음속에는 단 하나, 하나님께서 주신 새로운 사명을 따라 나아가겠다는 결심뿐이었습니다. 저는 목회자가 사역지를 떠나게 될 때 교인들과 후임자 모두에게 가장 큰 배려는 제가 자리를 비운 후에도 흔들림 없이 화합하고 적응할 수 있는 환경을 만들어 주는 것이라 믿었습니다.

오산제일교회에서 사역하던 중, 수원 사대문 안에는 장로교회가 없다는 사실을 알게 되었습니다. 왜 그런지 아십니까? 초기 선교사님들께서 선교 구역을 나눌 때, 감리교 선교 구역으로 지정된 지역이었기 때문입니다. 서울은 수도라 예외였지만, 경기도, 충청남도와 북도, 강원도는 감리교의 선교 지역으로 설정되었습니다. 그래서 해방 전인 1945년 이전까지 수원에는 장로교회가 없었다고 해도 과언이 아닙니다. 하지만 6.25 전쟁 이후 상황이 많이 달라졌습니다. 선교 구역의 경계가 무너지면서 새로운 장로교회들이 세워지기 시작했습니다. 제가 알기로 수원에서 가장 먼저 세워진 장로교회는 흔히 기장이라 부르는, 중동 사거리에 있던 한국 기독교 장로회 교회 하나 뿐이었습니다. 이 교회는 피난민들의 정착과 함께 시작되었고, 당시 돌로 튼튼히 지어진 건물로 기억합니다. 하지만 자유주의적 성향의 기장 교회에 반발하여 보수적인 신앙을 원하던 사람들이 모여 수원제일교회를 세웠고, 이 교회는 지동에 자리 잡게 되었습니다. 제가 수원제일교회에 교육 전도사로 부임한 것은 1968년 2월이었습니다. 이후

세류동 지역을 중심으로 수원에 두번째 교회가 세워졌는데, 이 교회도 합동 측 교회였습니다. 시간이 흘러 많은 교회가 설립되었지만, 여전히 사대문 안, 성안에는 장로교회가 없었습니다. 통합이든 합동이든, 어떤 교파든 말이지요.

그때 수원에서 사업을 하며 하나님의 은혜를 많이 받으셨던 한 장로님께서 저를 찾아오셨습니다. 그분은 피터 정의 장인이셨던 이상선 장로님이셨습니다. 장로님께서는 "김 강도사님, 왜 오산에만 계십니까? 500명이라도 넉넉히 목회할 목사님께서 100명이라도 열심히 하시면 하나님께서 충성했다고 인정해 주실 겁니다. 기도하세요"라고 말씀하시며 격려하셨습니다. 저는 아무 기반도 없는 상태였지만, 장로님은 "기도하세요"라는 말씀을 남기시고 돌아가셨습니다. 그 장로님은 수원에서 피난 생활을 하시며 하나님의 은혜로 가정과 사업을 이루셨고, 사대문 안에 장로교회를 세우겠다는 결심을 하셨습니다. 서울 마포구 서교동에 있는 자택에서 한 달에 한 번씩 내려와 기도 모임을 열었고, 그 후 170만 원을 기부해 주셨습니다. 그 돈은 개척교회를 설립하는 데 귀하게 사용되었습니다. 처음에는 사택조차 마련하지 못해 공터에 이삿짐을 내려놓고 개척 예배를 드렸지만, 하나님의 은혜와 인도하심으로 사대문 안에 장로교회를 세우게 된 것입니다.

대담자

그때 당시 170만 원이면 지금 얼마나 될까요? 그래도 꽤 큰 돈 아닌가요?

김성길 목사님

처음에 교회를 시작했을 때, 건물로만 보면 길가에 지은 열 평 남짓한 1층짜리 건물이었습니다. 제대로 지어진 건물은 아니었지만, 당시 장로님께서 그 건물을 매입할 수 있는 금액을 제공해 주셨습니다. 이 공간은 비록 작고 초라했지만, 저희에게는 하나님의 은혜로 시작된 소중한 첫걸음이었습니다.

하지만 방을 얻지 못해 이삿짐을 길가에 내려놓은 채로 시작해야 했습니다. 1975년 6월 9일, 노회 관계자들이 참석한 가운데 창립 예배를 드렸습니다. 예배를 드리던 날에도 집이 없어서, 저는 아내에게 이렇게 말했습니다. "우선 친정에 머무르자. 교회가 안정되면 사택을 얻어 가정을 꾸리자." 당시 저희 첫째가 막 태어난 상황이었고, 집 안 가구들까지 모두 정리해 처가댁에 임시로 맡겨 두었습니다. 그렇게 간절한 마음으로 사역을 시작했습니다. 장로님께서 건물을 마련해 주셨지만, 방값까지는 지원해 주시지 않았습니다. 그러나 교회 설립에 도움을 주신 장로님의 헌신은 분명했습니다. 그분의 이름은 교회 요람에서도 가장 먼저 기록될 만큼, 이 교회 역사에 중요한 역할을 하셨습니다. 어려운 시작이었지만, 저희는 하나님의 인도하심 속에서 매일 기도하며 한 걸음씩 나아갔습니다. 비록 처음에는 작은 건물이었지만, 그것이 믿음과 헌신으로 세워진 큰 비전의 시작이었음을 지금도 생생히 기억합니다.

대담자

아무것도 없는 그 지점에서 어떤 걸 보고 가신 건가요? 아무것도 보이지 않으셨을 텐데요.

김성길 목사님

저는 평양에서 태어났습니다. 제 할아버님은 목사님이자 의사셨습니다. 일제강점기 때 평양에서 신사참배 거부로 감옥살이를 하셨고, 해방 후에야 나오셨습니다. 그러나 혼란스러운 시국 속에서 할아버님께서는 깊은 고민 끝에 결정을 내리셨습니다. "한곳에 머물다가 변을 당하면 우리 집안이 모두 무너질 수 있다." 이 말씀과 함께 가족을 흩어 놓기로 결단하셨습니다. 형님은 큰댁으로 보내지고, 동생 둘은 평양 집에 남았습니다. 저는 둘째였기에 할아버지의 여동생이신 대고모님께 보내졌습니다.

대고모님은 평안남도 중화군에서 교회를 맡아 전도사로 사역하셨습니다. 제가 보내진 중화교회는 특별한 의미를 지닌 곳이었습니다. 훗날 저를 수원 제일교회로 청해주신 목사님께서 청년 시절에 대고모님 밑에서 신앙생활을 시작했던 곳이었으니까요. 대고모님은 단지 교회를 섬기는 것에 그치지 않고, 평양 신학교에 진학하는 청년들을 돕는 일에도 헌신적이셨습니다. 할아버지께 부탁드리며 이렇게 말씀하셨던 적도 있었습니다. "장래가 촉망되는 청년이 신학교에 들어갔으니 좀 도와주세요." 그 부탁에 할아버지께서 흔쾌히 금전적 지원을 아끼지 않으셨던 기억이 납니다. 그런데 그 평화도 오래가지 못했습니다. 6.25 전쟁이 발발하면서 우리의 삶은 또다시 큰 변화를 맞이했습니다. 할아버지께서는 저를 부르셔서 말씀하셨습니다. "대고모님을 따라가거라 너는 커서 반드시 훌륭한 사람이 될 것이다."

우리 어머님도 같은 마음으로 "고모할머니를 따라가서 훌륭한 사람으로 살아라"라며 격려해 주셨습니다. 그 말씀이 저를 향한 유언이자 마지막 축복이었습니다.

1950년 12월 19일, 평양이 국군과 유엔군에 의해 탈환되었습니다. 그러나 일사 후퇴가 시작되면서 기독교인들이 잡혀 죽는다는 소문이 돌기 시작했습니다. 집 안 구석구석까지 뒤져 잡아간다는 이야기가 돌았습니다. 그래서 대고모님과 저는 입고 있던 옷과 도시락만 챙겨 길을 나섰습니다. 우리는 걷고 또 걸어, 평안남도를 떠나 수원역에 이르렀습니다. 그 여정 중 12월 24일에는 서울에 도착했는데, 그날은 크리스마스이브였습니다. 남대문교회를 찾아 여전도사님을 만나 사택에서 하룻밤을 지냈습니다. 남대문교회를 찾은 이유는 제 이모님께서 그곳에 다니셨기 때문이었습니다. 다음 날인 성탄절 아침, 축하 예배에 참석했습니다. 그 와중에도 성도님들은 각자 단 하나씩이라도 과자를 나누어 주며 서로를 위로했습니다. 그 작은 나눔이 제게는 참으로 따뜻하게 느껴졌습니다.

이후 우리는 다시 수원역으로 향했고, 처음으로 기차를 타게 되었습니다. 대구에 도착했을 때 미군 MP들이 열차에서 모두 내리라고 지시했습니다. 원래는 부산으로 갈 예정이었지만, 대구에서 내릴 수밖에 없었습니다. 당시 대고모님께서는 전도사로 사역하며 생계를 이어가셨지만, 저를 돌보실 여력이 없으셨습니다. 결국 저는 대구 아래 경산에 있는 한 고아원에 맡겨졌습니다. '고아원'이라는 단어를 처음 들었을 때, 그것이 무슨 뜻인지도 몰랐습니다. 그저 낯설고 두

려운 곳에서 새로운 삶을 시작해야 한다는 사실만 명확했습니다. 그
렇게 저는 고아원에서 새로운 인생의 첫 장을 열게 되었습니다. 이 모
든 경험 속에서 저는 하나님의 손길을 느낄 수 있었고, 그것이 제 삶
의 방향을 결정짓는 중요한 계기가 되었습니다.

대담자

그때 나이가 어떻게 되셨나요?

김성길 목사님

일곱 살 때 고아원에 가게 되었습니다. 공원에 놀러 가는 줄 알고 좋
아서 따라갔는데, 그곳이 고아원이었습니다. 처음에 '밥을 먹어라'
해서 식당에 갔는데 들어갈 수 없었습니다. 냄새가 너무 고약해서 견
딜 수 없었기 때문입니다. 밤에 잘 때는 처음 온 아이에게 자리를 정
해주고 담요라도 줘야 하는데, 그런 배려도 없었습니다. 저도 아무것
도 몰라서 준비하지 못했고, 결국 그해 겨울을 담요 없이 보냈습니다.
미군들이 보낸 구호물자인 석탄이 있었지만, 그것도 무연탄이 아니라
기름 냄새가 나는 코코스 석탄이었습니다. 난로에 그 석탄을 때다가
밤 11시쯤 되면 화재 위험 때문에 더는 넣지 않았습니다. 그래서 난
로 옆에 있던 구두 닦는 의자 같은 것에 앉아 한겨울을 보냈습니다.
그때 귀와 손가락, 발가락이 동상에 걸렸고, 심한 통증을 겪었습니
다. 그 와중에도 저는 목사 손자로서 어린 마음에 기도를 드렸습니
다. 철없어도 순수하게 기도했더니, 그 후로는 조금도 과장이 없이 제
게 이상한 일이 생기기 시작했습니다. 지금까지 교인들에게도 말하지
않은 이야기인데, 처음 공개하는 것입니다. 꿈을 통해 다음날 일어날

일이나 적어도 한 주 내에 일어날 일들을 꼭 보여주셨습니다.

어머니께서 꿈에 나타나신 것은 초등학교 3학년 무렵이었습니다. 밝은 빛 속에서 하얀 옷을 입고 안개처럼 아련한 모습으로 저를 바라보셨습니다. 어머니 얼굴은 모르지만, 꿈에서는 분명히 어머니라는 것을 알 수 있었습니다. 미소를 지으시며 아무 말씀도 없이 빛 속으로 사라지셨습니다. 그때 어린 마음에도 '아, 어머니께서 천국에 가셨구나'라고 생각했습니다. 초등학교 5학년쯤 되었을 때, 아버님이 꿈에 나타나셨습니다. 군복을 입고 논길 같은 수로에 쓰러져 계신 모습이었습니다. 그 꿈이 아버님의 마지막 모습이었다는 것을 나중에 알게 되었습니다. 중학교 3학년 때는 하늘에서 천둥과 번개가 치고 불길이 번쩍이는 꿈을 꾸었습니다. 꿈속에서 '최후의 심판'이라고 생각할 정도였는데, 음성이 들려왔습니다. "김형식 목사가 죽었다." 당시에는 이름이 유사한 다른 분을 떠올리며 그분에 관한 이야기라고 생각했지만, 알고 보니 할아버지께서 돌아가신 때였습니다. 할아버지께서는 평소 병원만 하셨지 목회는 하지 못하셨습니다. 그래서 제가 목사가 되어 할아버지께서 이루지 못한 직무까지 감당할 수 있도록 은혜를 달라고 기도했습니다.

그 후로는 중요한 일이 있을 때마다 꿈을 통해 보여주셨습니다. 고등학생 때는 매일 저녁 교회에 가서 하루도 빠짐없이 기도했습니다. 제 모습을 본 학생들이 다섯 명, 열 명, 스무 명씩 모여 기도하곤 했습니다. 처음에는 "뭐가 있는지 보자"라며 온 친구들도 성령을 체험하고 방언과 통역을 하게 되는 일이 있었습니다. 그 후로 저는 하나님께서 인도하시는 대로 살아가기로 결심했습니다.

제가 개척한 교회 역시 하나님께서 보여주신 길을 따라 시작한 것이었습니다. 수원에 어떤 건물을 얻어 개척하라는 계시를 받고 1년 가까이 건물을 찾아다녔습니다. 돈 한 푼 없이 햇볕이 거의 들지 않는 건물을 보여주셨고, 그런 건물을 찾아다녔습니다. 그러던 중 이상선 장로님께서 돈을 주셨던 것이고 수원 사대문 안에 첫 장로교회를 마련할 수 있었습니다. 그 건물은 술집 옆에 있는 팔달로의 건물이었는데, 계시로 보여준 그대로 1년 내내 햇빛이 거의 들지 않았습니다.

저는 하나님께서 인도하시는 대로만 살아가며, 하나님보다 앞서가지 않기로 다짐했습니다. 하나님보다 앞서가면 반드시 고생하기 때문입니다. 그렇게 하나님의 인도하심에 따라 지금 이 자리에 오게 되었습니다.

대담자

그러면 "아무도 없는 이곳에서 무엇을 바라보고, 대책도 없이 이 지점까지 바라보며 교회를 세우셨습니까?"라는 질문에 대한 대답은 하나님께서 인도하시고, 하나님께서 보여주신 거란 말씀인가요?

김성길 목사님

기도는 계속 드리고 있었습니다. '오산보다는 수원에서 목회할 수 있는 길을 열어 주소서'라고 간절히 기도했지요. 그리고 하나님께서 허락을 해주셔서 수원으로 오게 되었습니다. 왜 수원으로 왔느냐 하면, 복음 전도는 고지를 점령하는 것과 같습니다. 사람이 많은 곳으로 가야 한다고 생각했고, 그래서 수원으로 온 것입니다.

이 책이 던지는 메시지는 무엇인가?

대담자

이 책을 통해서 하시고 싶은 말씀이 무엇인가요? 이 책이 목회자를 비롯한 성도에게 전해졌으면 하는 메시지는 무엇일까요?

김성길 목사님

저는 책을 쓰고 싶지 않았습니다. 제가 있는 동안은 그저 바울이나 모세처럼 그 시대를 섬기다가 떠나면 후임자가 하나님께서 세우신 사람으로 이어가리라 생각했습니다. 한 번도 제 이름을 남기거나 어떤 명성을 얻으려 한 적은 없습니다. 그러나 가끔 마음속에 바라는 것이 있기는 합니다. 그것은 우리가 성경에서 말하는 전통을 꼭 지키는 것입니다. 요즘 교회 안에서 전통과 예전이 급속하게 무너지고 있습니다. 강대상이 점점 작아지고, 성도와 가까워져야 한다며 점점 초라해져 가고 있습니다. 예전에는 강대상이 단단한 나무로 제작되어 그 위엄과 경건함이 있었는데, 요즘은 아크릴처럼 가벼운 재질로 바뀌고 있습니다. 제 아들도 그런 변화에 대해 말하더군요. 우리가 헌신해서 마련한 그 튼튼하고 귀하게 맞춘 강대상이 지금은 지하 4층에 곰팡이만 뒤덮고 있다고요.

물론 시대의 변화에 유연하게 대처하는 것은 중요합니다. 하지만 너무 급격히 바뀌어 가는 모습에 때로는 마음이 아픕니다. 보이는 형식이 내용만큼 중요할 수 있고, 때로는 더 중요할 수도 있는데, 요즘 세대는 형식을 너무 배척하는 것 같습니다. 좀 뭐 한 말이지만 형식이 그리워지기까지 할 때가 있습니다.

어떤 청년이 강대상에서 베이스 기타를 연주하는데 주홍색 바지를 입고 나왔습니다. 그것을 본 장로님이 저에게 말했습니다. "목사님, 그 모습은 아무래도 마음이 불편합니다." 저 역시 그 청년을 보며 한숨이 나오기도 했습니다. 하지만 제가 그 청년이나 제 아들 목사에게 뭐라고 할 수는 없었습니다. 왜냐하면, 성경적으로 강대상에 올라갈 때 입어야 할 옷에 대한 기준이 무엇인지 스스로도 생각해 보았기 때문입니다. 떠오른 것은 신약 시대의 예수님과 사도들의 의상이었습니다. 그들은 광목으로 된 옷을 둘둘 말고 신발은 슬리퍼를 신고 다녔습니다. 그것이 성경에서 말하는 복장이었습니다. 그래서 장로님께 말했습니다. "만약 성경적으로 옷을 입으려면, 광목천을 둘둘 말고 슬리퍼를 신고 올라가야 할 겁니다. 그러면 은혜를 받겠습니까?" 그 말씀을 드리니 장로님은 멋쩍게 웃으며 고개를 숙이시더군요.

이처럼 성경적으로 따져 보면 전통과 예전은 결코 가벼운 것이 아닙니다. 성경은 분명한 원칙을 주었지만, 그 속에는 경건함과 질서가 담겨 있습니다. 현대 교회가 너무 쉽게 전통을 버리고 새로운 것만 추구한다면 결국 교회의 본질을 잃어버리게 될 것입니다. 유럽과 미국 교회들의 상황을 보아도 그렇습니다. 종교개혁의 중심이었던 독일이나 네덜란드조차도 지금은 동성 결혼과 같은 세속적 가치에 휩쓸리고 있습니다.

노르웨이에서 김홍도 목사님과 함께 집회했을 때가 떠오릅니다. 그날 천국과 지옥에 대해 설교했더니, 모 교단의 회장이 화를 내며 떠나버렸습니다. 천국과 지옥이 어디 있냐며 무슨 설교를 그렇게 하느냐고요. 하지만 이것이 현실입니다. 유럽 교회가 세속화되면서 복음을 버리고 신앙을 잃어가고 있는 것입니다.

우리는 그들을 따라가서는 안 됩니다. 교회는 하나님 말씀에 뿌리를 내리고, 전통과 예전을 지켜야 합니다. 그렇지 않으면 교회는 문을 닫게 될 것입니다. 목회자든 성도든, 우리가 세속의 흐름에 휩쓸리지 않도록 깨어 있어야 합니다. 하나님께서 주신 성경적 전통과 예전을 지키며 교회의 본질을 회복해야만 합니다. 그것이 교회가 살고, 세상을 변화시킬 성경적이고 유일한 길이라고 생각합니다.

대담자

좋습니다. 세속에 물들지 않고 이 시대를 살아가는 정신의 메시지가 성도에게 전달되는 책이 되었으면 좋겠습니다. 그리고 또 성도가 신앙생활에 있어서 더 적극적으로 신앙생활을 해나갈 수 있으면 좋겠습니다.

나에게 시은소교회란 무엇인가?

대담자

목사님에게 있어서 시은소교회란 어떤 교회인지 한번 얘기해 주시겠어요?

김성길 목사님

그건 다 아는 이야기처럼, 주님의 몸 된 교회가 아니겠습니까? 잠언 27장 23절에 "네 양 떼의 형편을 부지런히 살피며 네 소 떼에 마음을 두라"라고 하셨습니다. 선배 목사님들께서 늘 말씀하셨던 목양일념(牧羊一念), 그 말씀대로 저도 살아왔습니다.

요즘 젊은 목회자들을 보면 활동을 많이 하고 다양한 일을 합니다. 선교 사역부터 방송 출연까지 바쁘게 뛰어다니며 시대가 요구하는 다양한 방법으로 목회하더군요. 그 모습이 나쁘다고는 생각하지 않습니다. 하지만 저는 그저 목양 일념 하나로 살아왔습니다. 성도가 아프면 그 옆에서 함께 기도하고, 가정이 무너지려 하면 찾아가 위로하며 붙잡아주는 것이 목사의 본분이라고 믿었습니다. 교회라는 울타리 안에서 제 시간을 들이고 몸을 바치는 것이 제게는 가장 중요한 일이었습니다. 목사는 무엇보다도 교회와 성도를 마음에 품고, 그것이 자신의 가정이자 일터요, 헌신해야 할 전부라고 믿어야 한다고 생각했습니다. 부족한 사람이라도 그런 마음으로 교회에 몸을 맡기고 살아가야 한다고 믿었습니다.

저는 교회에서 나오는 재정 외에는 어떤 수익도 원치 않았습니다. 그래서 때로는 이런 생각도 들었습니다. 제가 조금만 달리 마음을 먹었으면 갑부가 될 기회가 몇 번이나 있었을지도 모르겠다고요. 하지만 그 길을 가지 않았습니다. 교회의 목사로서, 하나님께 받은 은혜를 생각하면 그저 지금처럼 묵묵히 목양에만 힘쓰는 것이 제게 주어진 길이라고 믿었기 때문입니다.

저는 이렇게 살아왔습니다. 교회는 단순히 직장이 아니라, 하나님이 제게 맡겨주신 모든 것입니다. 그 모든 것이란 성도의 영혼을 품고, 그들의 아픔을 함께 나누며 하나님의 뜻을 이루어 가는 일입니다. 주님의 몸 된 교회를 섬기며, 기도와 말씀으로 지켜내는 것이 제가 감당해야 할 사명이고, 그것이 곧 제 삶의 이유이자 존재의 목적이 되었습니다. 하나님께서 제게 맡기신 이 교회는 가정과 같고, 때로는 전쟁터와 같지만, 언제나 가장 소중한 제 삶의 터전이었습니다. 그 믿음 하나로 지금까지 걸어왔습니다.

대담자

갑부가 될 기회는 무슨 이유 때문이지요?

김성길 목사님

오래전 일입니다. 그때는 무궁화 유지 주식회사라는 회사가 있었는데, 그 회사 사장님이 평양에서 피난 내려오신 분이었습니다. 제가 대구 공원에 있을 때 담임 선생님이 추천하셔서 그분의 양아들이 될 기회를 얻었습니다. 그때 그분에게는 아들이 따로 없었거든요. 그 사장님 집에서 처음으로 따뜻한 밥을 먹고, 따뜻한 방에서 잠을 잤습니다. 부잣집 아들처럼 지내면서 공장도 구경시켜 주셨고, 차도 태워주며 세상구경도 시켜 주셨습니다. 사장님은 저를 보며 "이제 우리집 아들로 들어와라"라고 제안하셨습니다. 정말 좋은 기회였지요. 하지만 저는 그때도 목회에 대한 꿈이 있었습니다. 하나님이 제게 주신 길이 이곳이 아니라 교회라고 생각했습니다. 그래서 저는 그 제안을 정중히 거절했습니다. 제 마음은 단순했습니다. 저는 그저 목회하고 싶었습니다. 그 무궁화 유지 회사 안에도 교회가 있었습니다. 이름은 무궁화교회였지요. 그런데 놀랍게도 훗날, 몇십 년이 지나 저희 교회에 그 무궁화 교회의 지휘를 하시던 장로님이 등록하셨습니다. 저는 그분을 우리 교회 지휘자로 세웠습니다. 지금은 회사 밖으로 나가셨겠지만, 그때를 돌이켜보면 참 신기한 인연이 아닐 수 없습니다.

가끔 생각합니다. 그때 제가 그 제안을 받아들였다면 어떻게 되었을까요? 아마도 저는 부유한 삶을 살았을지도 모릅니다. 하지만 제 마음은 한결같았습니다. 하나님께서 제게 맡기신 길은 목회였고, 성도와 함께 교회라는 울타리 안에서 살아가는 삶이 제게 가장 값지고 소중한 길이었습니다. 그 믿음이 있었기에 저는 지금 이 자리에 서 있을 수 있다고 생각합니다.

대담자
그 제안을 받으셨다면 큰 부자가 되셨겠네요.

김성길 목사님

또 이런 일도 있었습니다. 봉천동에 선경 아파트 열풍이 불던 시절이었어요. 그때 어느 수요일이었는데, 최 장로님이라는 분과 함께 권사님 한 분이 찾아오셨습니다. 그 권사님은 피난 나오신 분이었는데, 부부가 힘든 시기를 지나면서도 남는 것은 땅밖에 없다며 번 돈으로 과천에 복숭아밭이며 논과 밭을 사 두셨더군요. 그렇게 모아둔 땅이 꽤 많았습니다. 하지만 영감님이 세상을 떠나고 나니, 권사님은 혼자 남았습니다. 자식이 하나도 없었기에 그 재산을 어떻게 해야 할지 몰라 기도하고 계셨다고 했습니다.

그러던 어느 날, 제가 그 교회 부흥회를 인도하게 되었는데, 그 자리에서 권사님이 하나님께 응답받으셨다며 그 땅을 제게 주신다고 했습니다. 그게 지금으로부터 약 43~44년 전 일이었을 겁니다. 그때 제가 서른아홉이나 마흔이 될까 말까 할 때였지요. 그 당시 과천은 아직 개발되지 않았고, 그 땅의 호가가 4천억 원이라는 소문이 돌았습니다. 그야말로 엄청난 금액이었지요. 하지만 저는 그 재산을 받지 않았습니다. "이것은 옳지 않습니다 본 교회 목사님과 의논해서 교회의 뜻대로 쓰시도록 하세요"라고 말씀드렸습니다. 그랬더니 권사님이 기도의 응답으로 목사님을 만난 것 같다며 감격해하시며 눈물을 흘리셨습니다. 물론 사람인지라 잠깐 욕심이 날 법도 했습니다. 하지만 제 마음은 한결같았습니다. 목사로서 제 삶은 교회에서 주는 것만으로도 충분했습니다. 그 외에는 어떤 재산도 욕심내지 않았습니다.

그래서 저는 늘 말해왔습니다. 제 목회의 각오는 단순합니다. 교회에서 나오는 사례비 외에는 세상에 손을 벌리지 않는다. 부자도 될 뻔했고, 출세도 할 뻔한 기회가 여러 번 있었지만, 저는 그 길을 가지 않았습니다.

결혼할 때도 그랬습니다. 제 아내는 당시 도청 민원실에서 공무원으로 일하고 있었습니다. 그곳은 교통계 담당이라 돈이 많이 오가는 곳이었어요. 버스 회사, 택시 회사, 관광 회사 같은 곳에서 수시로 현금이 들어오던 시절이었지요. 그때 장인어른과 주변 사람들이 말했습니다. "직장이 너무 아깝다 퇴직은 나중에 해도 되지 않겠느냐." 하지만 저는 결혼과 동시에 장인어른과 제 아내에게 말했습니다. "우리는 교회에서 나오는 사례로만 살겠습니다. 부족하면 굶고, 기도하며 살면 됩니다. 우리 부부는 한마음, 한뜻으로 목회에만 집중합시다." 그리고 하나님께서 응답하셨습니다. 제 아내는 사표를 냈고, 우리는 그때부터 지금까지 단순하지만, 목회의 길만을 걸어왔습니다. 그것이 제 각오였고, 지금도 변함없는 제 믿음입니다.

대담자

하나님이 기쁘게 보셨네요.

김성길 목사님

그렇길 바랍니다. 한 번은 장로님 한 분이 저를 너무 극진하게 대접하신 적이 있었습니다. 그때가 수원제일교회가 우리 합동 측에서는 수원에서 가장 큰 교회였을 때였어요. 그래서인지 그 장로님은 제게 그 교회의 목사님처럼 우대해 주고 싶어 하셨습니다. 사례비 이야기가 나왔을 때, 제가 솔직하게 말씀드렸습니다. "이제는 그만 올려주십시오. 부담이 되고 힘듭니다." 그런데 장로님께서 제 말을 듣더니 오히려 더 올리셨어요. 그래서 제가 다시 말했습니다. "정말 어렵습니다. 목사가 이렇게까지 대접을 받으면 제가 오히려 힘듭니다." 그때 장로님이 하신 말씀이 아직도 제 기억에 남아 있습니다. "목사님은 목사님께서 하실 인사가 따로 있고, 우리 장로들은 목사님께 드릴 인사가 따로 있는 것입니다 목사님은 충분히 말씀하셨으니 이제 우리가 인사드릴 차례입니다."

그 이야기를 듣고 한 가지 떠오른 예화가 있었습니다. 어느 젊은 교수가 미국에서 박사 학위를 받고 모교로 돌아와 강단에 서게 되었습니다. 그는 가르쳤던 스승님을 찾아가 큰절하려고 했습니다. 하지만 스승님은 그를 말리며 호통을 쳤다고 합니다. "이 사람아, 같이 교수인데 무슨 절이냐." 그러자 젊은 교수가 이렇게 대답했다고 합니다. "절을 하지 말라는 건 스승님의 인사이지만, 끝까지 절을 올리는 건 제 인사입니다." 그 말을 듣고 저는 생각했습니다. 목사가 검소하게 살고 희생하는 모습이 성도에게는 존경받는 이유가 되지만, 그 존경과 사랑을 표현하는 것은 성도의 몫이라는 것입니다. 저 역시 외식이라도 좀 하게 기회를 달라고 농담처럼 말한 적이 있습니다. 하지만 우리 교회 성도는 오히려 더 좋은 것을 베풀고 싶어 했습니다. 그분들의 사랑과 섬김이 저에게는 너무나 큰 감동이었고, 그 마음을 보며 제가 더 낮아지고 겸손하게 살아야겠다고 다짐하곤 했습니다. 목회는 결국 목회자와 성도 서로의 인사와 사랑이 맞닿아 있는 길이 아닐까 싶습니다.

보통 교회가 개척해서 대교회가 되려면 창립 교인들이 다 나가야 교회가 제대로 성장한다고들 했습니다. 그런 말을 저도 많이 들었습니다. 하지만 우리 교회는 달랐습니다. 우리 교회의 창립 교인은 7명이었습니다. 그런데 그 7명이 지금까지 한 명도 떠나지 않고 다 있습니다. 저는 그것이 정말 큰 은혜라고 생각했습니다. 은퇴를 앞두고 그 사실을 돌이켜보면 바울 사도의 말씀이 떠오릅니다. 바울은 전도 초기의 고난을 회고하며 이렇게 말했습니다. "나와 함께하던 사람들이 다 나를 버리고 떠났느니라. 오직 누가만 나와 함께 있느니라." 그 말씀을 묵상할 때마다 제 마음이 황송하고 감사했습니다. 바울같이 위대한 사도도 사람들에게 버림받았다고 했지만, 저는 이토록 복된 목회를 허락받았으니까요. 우리 교회의 창립 교인들은 지금까지도 모두 함께 있습니다. 부인들은 모두 권사가 되었고, 남편들은 장로로 섬기고 있습니다. 그 14명 중에 아직 천국에 간 분도 없습니다. 이렇게 변함없이 신실하게 함께해 주신 성도님들이 저에게는 무엇보다 큰 감사이자 기적 같은 축복입니다.

목회를 돌아보면 부족함도 많았고 실수도 있었겠지만, 그런데도 처음부터 지금까지 함께해 준 성도가 있다는 것은 제게 말로 다 할 수 없는 감사입니다. 이것이 하나님께서 제게 베풀어주신 가장 큰 선물이자 은혜라고 믿습니다.

대담자

목사님에게 있어서 시은소교회란 정말 인생의 전부라고 말할 수 있겠네요. 그리고 목사님에게 있어서 성도란 또 목회의 전부라고 말할 수 있겠어요.

김성길 목사님

성도는 하나님께서 예수 그리스도의 피로 낳은 한 식구입니다. 가족의 일원이라고 생각합니다.

대담자

방금 이야기하신 작은 에피소드가 시은소교회가 어떤 교회인지를 보여주는 거고 목사님께서 어떻게 사역하셨는지를 보여준다고 생각합니다. 이런 모습이 많은 교회가 보면 부러워하는 요소잖아요. 근데 그렇게 되고 싶어도 될 수 없는 거고 또 목사님이 얼마나 교회를 사랑했는지 이 작은 질문을 통해서 알 수 있었습니다. 또 한 번 질문해 보겠습니다.

이 책을 통해서 성도에게 하고 싶은 말은 무엇인가?

대담자

또 다른 질문을 한번 드려보겠습니다. 이제 책을 쓰시게 되는데요. 목사님이 이 책을 통해서 성도에게 하고 싶은 이야기는 어떤 게 있으실까요?

김성길 목사님

아까도 말씀드린 것처럼 그저 세속에 물들지 말고, 처음처럼 살아가면 된다고 저는 생각합니다. 처음 하나님께 구원받았던 그 은혜에 감격했던 마음이란, 마치 캄캄한 어둠 속에서 처음 빛을 만난 것과 같았습니다. 그때 제 마음은 세상이 주지 못하는 평안과 기쁨으로 가득 찼고, 죄인임에도 불구하고 하나님의 사랑으로 용서받았다는 사실에 눈물이 나왔습니다. 모든 것이 달라 보였고, 주님의 은혜가 제 삶의 가장 큰 축복이었습니다. 그때의 생각과 그 감정을 끝까지 붙잡고 살아가는 것입니다. 주님을 사랑하고 서로를 사랑하면, 그 안에 모든 것이 다 들어있다고 믿습니다. 교회는 세속과 타협해서는 안 됩니다. 처음 받은 그 은혜의 감격을 잃지 않고, 서로를 사랑하며 주님의 뜻을 따라 살아가는 것이 교회의 본질입니다. 이 본질을 잃지 않으면 어떤 공격도 두렵지 않을 것입니다. 하지만 주의 종들이 먼저 그 본질을 떠난다면 교회는 서 있을 힘을 잃게 될 것입니다.

요즘 한국 교회를 보면 마음이 무겁습니다. 이전에 비해 세상으로부터 공격을 받고 있기 때문입니다. 그러나 더 무서운 것은 그런 외부의 공격이 아니라 내부의 무너짐입니다. 저는 우리 교회가 끝까지 처음처럼 서 있기를 바랍니다. 처음처럼 서 있다는 것은, 하나님께 받은 은혜를 잊지 않고 그 감격을 마음에 새기며 사는 것입니다. 어떤 상황에서도 세속의 유혹에 흔들리지 않고, 주님을 향한 믿음을 굳건히 지키며 서로를 섬기고 사랑하는 공동체로 서 있는 것을 의미합니다.

예배가 형식이 아니라 진실한 감사와 기쁨이 넘치는 시간이 되고, 성도가 서로의 짐을 나누어지며 함께 울고 함께 웃는 따뜻한 교회로 남아야 한다고 믿습니다. 그것이 바로 처음처럼 서 있는 모습이며, 하나님께서 기뻐하시는 교회의 모습일 것입니다. 처음 그 은혜의 감격으로, 주님만 사랑하고 서로 사랑하는 공동체로 남아야 합니다. 그것이 하나님께서 우리 모든 목회자들에게 원하시는 길이고, 우리 교회가 지켜야 할 가장 소중한 믿음이라고 생각합니다.

교회가 부흥하는 힘은 어디에서 오는가?

대담자

네. 굉장히 상세하게 설명해 주셔서 감사합니다. 목사님이 생각할 때 시은소교회 부흥의 원동력은 무엇이 있을까요?

김성길 목사님

다 그렇게 말하겠지만, 정말 몸이 시리도록 가슴이 아리도록 제가 진실을 말하자면, 그것은 하나님의 은혜입니다. 제가 걸어온 목회의 길은 마치 끝없이 이어지는 산길 같았습니다. 돌부리에 걸려 넘어질 때도 있었고, 가파른 오르막길에서 숨이 턱턱 막히는 순간도 있었습니다. 그러나 그 모든 순간에도 하나님은 저를 붙들어 주셨습니다. 저는 평생 목회하는 동안 주일 예배, 금요일 예배, 수요일 예배, 새벽 예배 같은 정기 예배 외에는 다른 것은 하지 않았습니다. 그래서 주변의 동료나 선배들은 저를 연구 대상으로 여긴다고 합니다. 그러나 연구 대상이 될 필요도 없습니다. 성경대로 하면 되는 것입니다.

베드로가 기도하고 한 번 설교하면 세례받는 신자가 삼천 명 늘었고, 또 한 번 설교하면 사천 명 늘었습니다. 셀 처치를 연구하겠다고 미국에 가서 셀 처치 담당자를 찾아가 함께 있으면서 배우기도 했습니다. 하지만 거꾸로 하고 있다는 것을 알게 되었습니다. 여의도 순복음교회를 예로 들자면, 조용기 목사님이 서대문에서 천막 치고 기도하며 성령을 받으니, 병자가 낫고 귀신이 나가 사람들이 몰려들었습니다. 그렇게 서대문에서 교회를 짓고 여의도로 옮겨 허허벌판에서 시작했는데, 그 당시 모두가 미쳤다고 했습니다. 그곳에서 교회가 커져 70만 명 교인이 생기면서 가족적 관리를 위해 대교구, 중교구, 소교구가 생기고, 그렇게 셀이 만들어진 것입니다. 셀로 인해 교회가 세워진 것은 아닙니다.

그래서 요즈음은 다락방이든 제자훈련이든 많이들 하지만, 저는 그런 것에 얽매이지 않고 오로지 성도를 위해 기도하며 이번 주일에 어떤 메시지를 전해야 할지를 하나님께 물었습니다. 하나님께서 떠오르게 하시는 말씀을 설교로 전하며, 주일에는 다섯 번씩 설교했습니다. 새벽 예배부터 시작해서 1부, 2부, 3부, 그리고 저녁 예배까지 드렸습니다. 지금도 제 후배 목사들의 설교를 들으러 가며 배움을 이어가고 있지만, 목회 현장에서 어떤 설교를 해야 할지는 목회자가 직접 하나님께 듣고 전해야 합니다.

목회자는 말씀을 통해 성도가 위로받고 희망과 힘을 얻으며, 때로는 회개할 수 있도록 도와야 합니다. 유대인들도 매주 예배드리지는 않았지만, 회당에서 모이며 신앙을 유지했습니다. 유월절에는 예루살렘에 모였지만, 그들은 여전히 신앙생활을 이어갔습니다.

저는 제자훈련과 성경공부를 좋아하지만, 그것만으로 리얼 크리스천을 만들 수 있다고 생각하지는 않습니다. 성경공부는 서기관은 만들 수 있어도, 진정한 크리스천을 만들어내지는 못합니다. 리얼 크리스천을 만드는 것은 성경공부를 넘어서는 것입니다.

대담자

그럼 어떤 걸로 만들어지는 건가요?

김성길 목사님

말씀을 듣고 성령을 받아야 합니다. 성령님께서 예수님을 탄생시키셨고, 성령이 임하심으로 교회가 탄생했습니다. 예수님께서도 승천하시기 전에 "보혜사가 오시면 내가 너희에게 말한 것을 생각나게 하시리라"라고 말씀하셨습니다. 하나님의 말씀은 단순히 성경 구절을 외우는 것이 아닙니다. 성경을 다 읽어도 큰 은혜를 받지 못할 수 있습니다. 하지만 어느 날, 순간적으로 짧은 시간 안에 어떤 말씀이 마음에 깊이 와닿아 깨달아지는 일이 있습니다. 그 은혜로 인해 말씀이 생수가 되고 능력이 되며 생명이 되는 것입니다. 이 모든 것은 성령께서 깨닫게 해 주셔야 가능합니다. 저는 평생, 이 점에 집중했습니다. 교인들이 저를 어떻게 볼지 모르지만, 어제도 코람데오 강사들과 예수전도단 분들에게도 말했습니다. "성경공부한다고 진실한 그리스도인이 된다고는 생각하지 않는다"라고요. 성경을 공부만 한다고 진정한 크리스천이 되는 것이 아니라, 성령님의 깨닫게하심을 통해 말씀이 생명이 되고 능력이 되어 진정한 크리스천이 되는 것입니다. 부흥회에 대해서도 같은 태도를 유지했습니다. 요즘 부흥회를 하루씩, 한 시간만 하는 경우가 많은데, 그것은 성도에게 혼란을 줄 수 있습니다. 과거에는 월요일 저녁부터 토요일 새벽까지 이어졌고, 부흥사들이 교회의 필요를 파악해 계획적으로 진행했습니다.

저는 목회자로서 기본적으로, 정해진 예배 시간에 충실하며 기도하고 설교하는 데에 집중했습니다. 평생 부흥회를 하면서도 교수는 강사로 청하지 않았습니다. 교수는 학문적으로 훌륭할 수 있지만, 목회자는 아니기 때문입니다. 또한, 전도사님이나 장로님을 강사로 세운 적도 없습니다. 장로는 평신도 대표일 뿐, 목회자는 아니기 때문입니다. 이러한 점에서 성도가 헷갈리지 않도록 분명히 해야 한다고 생각합니다.

대담자
목사님께서는 결국 교회 부흥의 비결은 '성령 받는 것'이라는 말씀이지요?

김성길 목사님
예, 맞습니다. 하나님께서 하시는 겁니다.

대담자

참된 그리스도인의 탄생은 제자훈련, 셀모임 이런 것에 있는 것이 아니라 목사님의 수많은 목회 경력 속에서 돌아보니 '성령을 받고 설교를 깨닫는 것'에서 된다고 말씀을 하시는 거지요?

김성길 목사님

우리 말에 단골이라는 말이 있지요? 그 말은 원래 무당들이 쓰던 표현입니다. 또 '심방한다'라는 말도 마찬가지로 무당에게서 유래된 표현입니다. '단골'은 무당의 손님이라는 뜻으로, 무당들은 자신이 담당하는 지역을 '단골 밭'이라고 불렀습니다. 이런 표현들이 오늘날에도 무의식적으로 사용되고 있는 것을 보면, 우리가 사용하는 용어에 대해 한 번쯤 돌아볼 필요가 있습니다.

　무당도 세 가지가 있습니다. 첫 번째는 세습무로, 물려받아서 하는 무당입니다. 두 번째는 학습무로, 요즘 많이 보이는 무당들입니다. 교수들까지도 배워서 무당이 되는 경우가 이에 해당합니다. 세 번째는 강신무로, 내림굿을 받아 귀신에 의해 무당이 되는 경우입니다. 이 세 가지 중 강신무가 진짜 무당이라고 할 수 있습니다. 그들의 역할은 시대에 따라 변했지만, 강신무는 여전히 그 정체성을 간직하고 있습니다. 목사도 세 가지 유형으로 나눌 수 있습니다. 세습 목사에 대해 말하자면, 저는 물려받은 목사를 세습이라고 생각하지 않습니다. 성경에 세습이라는 단어 자체가 없으며, 성경에서 굳이 찾으려면 세습이어야만 하는 이유가 있습니다. 제사장은 누가 합니까? 레위인이 모두 제사장을 하는 것은 아닙니다. 아론의 직계 자손만 제사장이 될 수 있습니다. 최초로 '왜 아론의 자손만 제사장을 하느냐'라고 시위를 벌인 것이 누구인지 생각해 보면 그 답을 알 수 있습니다. 무슨 지파였습니까? 레위 지파의 장로지요. 대표 장로가 '왜 너와 네 형 아론만 중요한 역할을 하느냐'며 문제를 제기했던 겁니다. 고라 자손들은 문지기를 하거나 장작을 패고, 재물을 잡아 내장을 처리하는 등 성전의 하위 역할을 했습니다. 하지만 제사장은 오늘날로 말하면 고상한 당회장 노릇을 하는 역할이지요.

벌써 3천여 년 전에 고라는 250명을 모아 시위했습니다. 이에 대해 모세가 기도하며 하나님께 간구하자, 하나님께서는 "내일 여호와께 속한 자와 고라에게 속한 자를 갈라 세우라"고 말씀하셨습니다. 여호와께 속한 자는 모세의 편에 섰고, 고라를 따르는 사람들은 땅이 입을 벌려 산 채로, 음부로 내려갔습니다. 그 순간은 하늘과 땅이 신적 위엄으로 뒤흔들린 순간이었습니다. 그런데 시편에는 고라 자손의 시가 많습니다. 약 11편 정도의 시가 성전에 올라가는 노래로 기록되어 있습니다. 시편 84편에서는 "여호와의 전에 거하는 것이 세상에서 저택에 거하는 것보다 낫다"라고 노래하며 문지기의 역할을 찬양합니다. 이 시를 쓴 고라 자손은 조상이었던 고라의 반란에 동조하지 않고 여호와를 따랐던 이들입니다. 역사의 흐름 속에서도 신앙의 빛을 잃지 않았던 그들의 모습은 오늘날 우리에게 깊은 교훈을 남깁니다.

목회자 세습에 관해 이야기하며 성령도 없이 단순히 아버지나 할아버지로부터 목회를 물려받는 것은 진정한 목회라고 할 수 없습니다. 학습 목사도 마찬가지입니다. 신학을 배워 목회자가 되는 것은 과정의 일부일 뿐, 성령 충만하여 거듭난 목사가 진정한 목사입니다. 이는 무당 중에서도 강신무가 진짜 무당인 것과 같은 이치입니다. 그래서 저는 교인들에게도 "무당집에 갈 일이 있으면 강신무를 찾아가라"라고 농담처럼 말하곤 했습니다. 그 농담 속에는 사역자의 본질을 생각하라는 진심이 담겨 있습니다. 교회에서도 무당집을 다니다가 복채를 보태 헌금하고 신앙을 시작한 권사님이 40년 넘게 신앙생활을 잘 이어가고 있습니다. 목회는 단순히 성경 강의가 아니라, 기도를 통해 하나님께서 양 떼들에게 필요한 말씀을 주실 것을 믿고 전하는 것입니다. 성령께서 생각나게 하시리라는 말씀처럼, 성령의 인도하심에 따라 설교하고 목회를 이어가야 한다고 믿습니다. 목회란 양을 돌보는 일이고, 성령의 빛 속에서 길을 찾는 여정입니다.

/ 고난 속에서 피어난

·나를 넘어선 나를 가능하게 하는 것은 무엇인가?

·고난의 문제를 이겨내는 방법

·고난이 내 삶에 주는 것

·앞으로 나아가게 하는 힘은 무엇인가?

나를 넘어선 나를 가능하게 하는 것은 무엇인가?

대담자

목사님을 지금까지 계속 움직이시게 하는 원동력 같은 게 있을까요?

김성길 목사님

타고나기를 동적인 사람으로 하나님이 만드신 것 같습니다. 뭐라도 해야지 편해요. 그래서 은퇴하고도 여전히 바쁩니다.

대담자

그럼 요즘에 어떤 일로 바쁘신가요?

김성길 목사님

목회자 교육이라는 것은 단순히 일반적인 학습처럼 진행되는 것이 아닙니다. 목회자들에게 필요한 것은 단순히 지식을 쌓는 것이 아니라, 그 지식을 실제로 적용하여 성도에게 은혜를 끼치는 것입니다. 목회는 단순한 강의실의 배움이 아니라, 하나님의 말씀을 통해 영혼의 갈등을 해소하는 생수의 역할을 해야 하기 때문입니다. 과거 70여 년 동안 선배들이 운영해 왔던 신학원들 중에는, 특히 6.25 전쟁 직후에 세워진 학교들이 많습니다. 그러나 안타깝게도 이런 학교들이 목회자들에게 실질적인 도움을 주지 못했던 경우도 적지 않았습니다. 그 결과, 많은 목회자는 현장에서 필요한 실제적 능력을 체득하지 못하고 답답함을 느꼈습니다.

이런 상황 속에서 탄생한 것이 바로 코람데오 교육입니다. 이 교육은 "어떻게 하면 목회자들이 오늘 받은 은혜를 주일 설교에 곧바로 적용할 수 있을까?"라는 질문에서 시작되었습니다. 코람데오의 목적은 명확합니다. 오늘 배운 내용을 성도에게 즉시 전할 수 있도록 실질적이고 유익한 교육을 제공하는 것입니다. 교육의 목적은 단순히 배우는 데 머무르지 않고, 성도의 삶 속에 복음의 빛이 스며들도록 돕는 데 있습니다. 코람데오의 강사들은 순복음, 침례교 등 다양한 교단에서 초청됩니다. 특정 교단에 얽매이지 않고, 목회자들이 현장에서 바로 사용할 수 있는 내용을 중심으로 교육이 진행됩니다. 마치 다양한 색채의 유리를 통해 한결 맑고 아름다운 빛이 비치듯, 목회자들은 다양한 관점을 배우고, 그 가운데 성령의 인도하심을 받도록 도움을 받습니다. 코람데오의 교육 방식이 왜 특별한지에 대해 말하자면, 목회자들에게 성령의 은혜를 직접 전달하고, 그 은혜를 교회 현장에서 실질적으로 활용할 수 있도록 돕기 때문입니다. 이는 단순히 새로운 이론이나 방식을 배우는 것이 아니라, 그 배움을 통해 성도와 함께 은혜를 나누고 신앙을 성장시키는 것입니다. 은혜를 받은 목회자가 전하는 메시지는 성도의 삶 속에 새로운 희망의 씨앗을 심어줍니다.

이러한 실질적 접근이야말로 오늘날의 목회자 교육이 나아가야 할 방향입니다. 결국, 목회는 성경적 진리를 삶 속에서 증명하는 여정이며, 코람데오 교육은 그 여정을 돕는 중요한 동반자 역할을 하고 있습니다. 목회자가 받은 은혜가 교회 안에 퍼지고, 그 교회가 세상 속에서 하나님의 사랑의 증거가 될 수 있도록 이끄는 것이 코람데오 교육의 진정한 목표입니다.

대담자

그럼 지금도 바쁘게 움직이고자 하는 목사님의 기질이 목사님을 움직이시게 하는 원동력일까요?

김성길 목사님

움직이게 하는 건 그냥 하나님 말씀과 성령님이에요. 늘 기도드립니다. 말하자면 하나님께서 제게 주신 달란트 아닌가 생각했습니다. 우리 교인들도 알겠지만, 2025년 9월 25일로 만 80을 넘겼습니다. 그런데도 몸과 마음이 정정합니다. 교인들이 저를 보고 "목사님 정말 대단하세요"라고 말할 때마다 저 자신도 은혜를 새삼 깨닫곤 합니다. 목사님들도 많이 오셔서 함께 교제를 나누는데요, 길을 걷다 보면 제가 앞서가고 뒤따라오는 경우가 많습니다. "목사님, 천천히 좀 걸어주세요"라는 말도 자주 듣습니다. 그리고 제가 지나가는 모습을 보고 우리 교인이 반가워 뛰어나오면 제가 없답니다. 그래서 제 별명이 '쌕쌕이'입니다. 제 빠른 걸음걸이를 제트기에 빗댄 표현이지요. 저는 모든 일을 빨리 처리하는 성격이라 주저하거나 망설이는 일이 거의 없다는 의미이기도 합니다. 그렇다고 제가 모든 일을 즉흥적으로 결정하는 것은 아닙니다. 중요한 결정을 내릴 때는 반드시 기도했습니다. 하나님께서 "이 길이 맞다"라고 응답해 주시고, 말씀에서도 이를 확인할 수 있으면 주저 없이 밀어붙였습니다. 이러한 담대함은 하나님께 응답받은 자만이 가질 수 있는 특권이라고 생각했습니다. 사도들이 그러했듯이, 저도 하나님의 뜻을 따를 때 두려움이 없었습니다. 상대가 누구이든, 심지어 대통령이라 해도 말입니다.

우리 교회가 한때 소송에 휘말려 고등법원까지 가는 어려움을 겪었던 적이 있었습니다. 그때도 하나님께서 주신 담대함으로 대처할 수 있었습니다. 장로님들이 대리인으로 함께 해 주셨고, 저 역시 하나님의 인도하심을 따라 행동했습니다. 그 과정에서 느낀 것은, 이 모든 경험이 하나님의 은혜라는 사실이었습니다. 그 은혜가 있었기에 저는 더욱 담대히 사역을 이어갈 수 있었습니다. '하나님께서 나를 지켜주셨다'라는 확신이 제 발걸음을 멈추지 않게 했습니다.

대담자

고등법원을 2차까지 가신 건가요?

김성길 목사님

수원 법원에서 승소했는데 상대방이 항소하여 고등법원으로 갔습니다. 예배당 건축과 관련된 문제였는데, 땅을 판 지주가 항소한 것이었습니다. 법정 출두 날짜가 12월 23일로 정해졌고, 서초동으로 가야 했습니다. 저는 그날 기도하며 간절히 하나님께 뜻을 물었습니다. 기도 중에 하나님께서 "내 종아 오늘 너는 보약을 먹는 날이다"라는 마음을 주셨습니다. 재정 부장 장로님, 집사님, 그리고 변호사와 함께 서초동으로 갔습니다. 문제의 땅은 원래 변전소를 지으려고 한전에서 찍어 놓은 땅이었지만, 시에서 이를 등재하지 않은 채 거래가 이루어졌던 것입니다. 거래가 완료되었음에도, 지주는 돈을 돌려주지 않겠다고 주장했습니다. 지방법원에서는 저희가 승소했지만, 돈을 돌려받지 못한 상태였습니다. 법정에서 상대방은 이미 와 있었고, 제가 증언대에 서게 되었습니다. 판사는 "요즘 목사라는 것들이 말이야"라며 비아냥거렸습니다. 그 순간, 성령께서 '지금이다'라는 강한 확신을 주셨습니다. 저는 자리에서 일어나 담대히 말했습니다. "나는 시민의 한 사람으로 이 자리에 온 것이다. 목사라고 해서 다른 대우를 받으려는 것이 아니다. 하지만 법이 공정하지 않다면 이것은 이해할 수 없다." 판사 앞에서 이렇게 말한 후 저는 법과 도덕의 본질을 차분히 설명했습니다. "법은 사람들이 서로를 존중하며 편하게 살기 위해 만들어진 마지막 기준이다. 하지만 그 법을 자의적으로 해석한다면, 그것은 공정하지 않은 것이다." 약 40분간 이렇게 이야기한 후, 저는 장로님과 변호사님께 "이제 가자"라고 말하며 법정을 나왔습니다.

법정을 나오며 서민들이 이런 불공정한 대우로 얼마나 좌절하고 어려움을 겪었을지를 생각하니 가슴이 아팠습니다. 이후 변호사가 판사와의 관계 때문에 난처해하는 모습을 보아서 다시 판사를 찾아갔습니다. "판사님, 제가 앞서 말한 표현들에 대해 사과드립니다. 하지만 판결문이 상식에도 법조문에도 맞지 않는다면, 그에 따른 책임을 각오하셔야 할 것입니다." 결국, 2월이 되어 판사로부터 판결문이 전달되었습니다. 저희가 승소한 내용이었고, 지주는 지방법원보다 더 많은 금액을 돌려주어야 했으며, 이자까지 계산되어 있었습니다. 판사는 저희 변호사에게 "목사님께 죽을죄를 지었다며 용서를 구합니다"라는 말을 전했습니다. 그때 저는 하나님의 응답이 한 번도 틀린 적이 없음을 다시금 확인했습니다. 이 모든 것이 하나님의 은혜이며, 이러한 간증을 나눌 수 있음에 감사드립니다. 그러면서 어떤 마음으로 그런 일을 했냐는 질문을 받았습니다. 저는 이렇게 대답합니다. 저는 4대째 신앙을 이어오고 있습니다. 제 손녀는 6대째가 되지요. 복음이 처음 전해지던 초창기에 저희 증조부님께서 복음을 받아들이셨습니다. 그 후로 저는 한 번도 사이비나 이상한 길로 빠진 적이 없습니다. 물론, 제 성격은 '꼴통 보수'라는 별명을 얻을 정도로 강직했지만, 항상 하나님의 말씀을 기준으로 삼았습니다.

하나님께서는 언제나 말씀으로 응답하십니다. 말씀을 통해 확신을 주시고, 그 확신이 저를 담대하게 만듭니다. 성경 속 다니엘과 요셉을 이해할 수 있었습니다. 제가 그들처럼 완벽하게 살지는 못했지만, 제 주변 사람들은 저를 요셉과 같다고 말해주곤 합니다. 제 아들들조차도 저를 요셉이라 부릅니다. 이는 모두 하나님의 은혜로 이루어진 일이며, 그분께서 저와 제 가정을 인도하셨기에 가능한 일입니다.

대담자

목사님 참 복이 많으신 것 같습니다. 또 아무나 그렇게 할 수 있는 건 아니지요.

김성길 목사님

하나님께서 하라고 하시는 일은 항상 이루어졌습니다. 재정적으로 부족하거나 전문가가 없어서 하지 못한 적은 단 한 번도 없었습니다. 하나님께서는 제가 학생 때부터 교회에서 자라 오면서 지금까지 모든 것을 보살펴 주셨습니다. 사례비를 잊을 정도로, 제 옆에는 항상 필요한 것을 책임져 주시는 장로님, 권사님, 집사님들이 계셨습니다. 이러한 분들을 통해 하나님의 섭리와 공급하심을 매 순간 경험할 수 있었습니다. 하나님께서 주시는 담대함과 확신은 제가 어떤 상황에서도 포기하지 않고 나아가게 하는 원동력이었습니다. 모든 일이 순조롭게 이루어진 것은 전적으로 하나님의 은혜 덕분입니다.

대담자

목사님 같은 분이 몇 분이나 되겠어요? 그럼 다시 원점으로 돌아와서 결국 나를 움직이게 했던 원동력은….

김성길 목사님

믿음입니다.

대담자

그렇지요. 믿음인 거지요. 또 하나님께서 언제나 함께한다는 믿음인 거지요. 그것이 또 오늘날 시은소교회를 세우는 거고요.

김성길 목사님

네. 한 번도 빗나간 적이 없어요. 정말.

고난의 문제를 이겨내는 방법

대담자

어떻게 보면 성경에서 가장 큰 기적을 이루어냈던 과정들이 목사님의 삶에도 그대로 적용된 것 같습니다. 그렇다면 한 걸음 더 나아가서 이런 질문을 드리고 싶습니다. 지금까지 목사님께서 고난의 문제를 이겨내게 한 핵심 키워드는 무엇인지 말씀해주시기 바랍니다.

김성길 목사님

이건 단순히 드러내려는 것이 아닙니다. 저는 6.25 전쟁 직후 고아원에서 새 삶을 시작해야 했습니다. 만약 지금 하나님께서 다시 그 시절로 돌아가라고 하신다면, "하나님, 그러지 마세요"라고 말씀드릴 겁니다. 그러나 제가 살아온 과정을 되돌아보면, 단 한 번도 '이게 마지막이다', '너무 고통스럽다', '이건 극복할 수 없다'라는 생각을 한적이 없습니다. 매 순간 주어진 상황 속에서 늘 감사할 수 있었습니다.

대담자

굉장히 중요한 부분이에요. 왜냐하면 목사님 같은 분은 특수한 분이고 보편적인 목회자가 아닌 것 같습니다.

김성길 목사님

별종입니다. 부모도, 형제도, 돈도, 집도, 의지할 곳 하나 없이 그저 혼자 남겨졌으니까요.

대담자

사실 많은 목사님의 간증이 있지만, 목사님처럼 확신을 두고 큰 은혜 속에서 목회자의 길을 걸으신 분은 드뭅니다. 그런데 고난의 문제는 또 다른 차원의 이야기라고 생각합니다. 모든 목회자의 사역과 성도의 삶이 고난이라는 언덕으로 점철되기 때문입니다. 목사님께서 고난의 문제를 어떻게 이겨내셨는지 듣고 싶습니다. 고난의 문제를 만날 때마다 어떤 철학과 신앙의 방향성을 가지고 극복하셨는지, 그 과정을 말씀해주시기 바랍니다.

김성길 목사님

어릴 땐 어린 대로, 젊을 땐 젊은 대로, 지금은 지금대로, 그때마다 고난이라는 것은 늘 희망보다 작았던 것 같습니다. 희망과 기대가 고난을 압도했던 것이지요. 마치 강물의 흐름 속에 가라앉은 작은 돌처럼, 고난은 언제나 희망 아래 묻혔던 것 같습니다. 단순히 극복했다고 말하기보다, 희망이 워낙 컸기에 하나님께서 빛으로 인도하시는 그 희망을 따라가다 보면 어둠은 그저 뒤로 밀려나 사라져 버렸습니다.

저는 스무 살 때부터 지금까지 약 50년 동안 부흥회를 다녔습니다. 세계 곳곳에서 부흥회를 인도하며 기도드릴 때마다 각 교회의 문제가 무엇인지 보여주시는 은혜를 경험했습니다. 한 교회 한 교회, 하나님께서 보여주시는 문제를 마주하며 설교를 준비했습니다. '이

거다' 하나님께서 강하게 확신을 주실 때면, 그 메시지는 언제나 교회와 성도의 마음 깊숙이 닿았습니다. 마치 빛이 어둠을 뚫고 들어가는 순간처럼 말입니다. 부흥회를 다니며 만난 사람들과 그들의 간증은 제게도 큰 은혜가 되었습니다. 하나님께서 각 사람의 삶 속에 빛으로 역사하신 흔적은 부흥회에서 만난 모든 순간을 특별하게 만들었습니다. 어떤 성도는 오랜 병으로 고통받는 가운데서도 하나님께 감사의 기도를 드렸고, 또 어떤 이는 오랜 가족 갈등 끝에 화해의 손을 내밀었습니다. 이 모든 과정에서 하나님의 은혜가 얼마나 크고 놀라운지를 새삼 느꼈습니다. 그러니 제게 고난은 늘 희망의 배경음에 불과했던 것이 아닐까요? 그러한 여정 속에서 고난은 항상 희망 때문에 묻혔다고 해야 할까요.

때로는 어두운 순간도 있었지만, 희망이 늘 앞서 있었기에 고난이 제 마음을 크게 흔들지 못했습니다. 하나님께서 빛으로 인도하시는 희망을 바라볼 때, 그 빛 속에서는 어둠이 설 자리를 잃었습니다. 희망은 단지 미래에 대한 막연한 기대가 아니라, 지금 여기에 계신 하나님의 인도하심을 믿는 신뢰였습니다. 그것이 고난을 넘어설 수 있는 원동력이 되었습니다. 또한, 고난 속에서도 주어진 사역에 최선을 다하려는 마음은 저를 더욱더 강하게 만들어 주었습니다. 부흥회를 준비할 때마다 각 교회와 지역의 특성을 이해하고, 그들의 필요를 채워줄 수 있는 메시지를 전하려 애썼습니다. 어떤 곳에서는 위로와 치유가 필요했고, 또 다른 곳에서는 용기와 믿음을 북돋우는 말씀이 필요했습니다. 하나님께서는 늘 제게 적절한 말씀을 주셨고, 저는 그 말씀을 전할 때마다 '이것이 바로 하나님의 뜻이다'라는 확신을 가질 수 있었습니다.

돌아보면, 고난이라는 단어는 제게 희망을 강조하기 위한 배경에 불과했습니다. 희망의 크기와 밝음이 고난의 그림자를 압도했기에, 하나님께서 인도하시는 빛 속에서 살아갈 수 있었습니다. 어둠은 언제나 빛 앞에서 물러갈 수밖에 없다는 진리를 삶 속에서 체험했습니다. 이러한 경험들은 제가 사역을 이어가는 힘의 원천이자, 하나님께 감사드리는 이유입니다. 그리고 그 빛은 제 삶뿐만 아니라, 제가 만났던 수많은 사람의 삶 속에서도 계속해서 비추고 있다고 믿습니다. 결국 희망은 하나님께서 주신 선물이며, 고난은 그 희망을 더 빛나게 만드는 도구였습니다. 고난이 없는 삶은 분명 편할지 모르지만, 하나님의 빛이 만들어내는 희망의 아름다움은 결코 경험하지 못했을 것입니다. 하나님께서 저를 통해 이 세상에 그분의 빛을 조금이나마 비추셨다는 사실에 매일 감사드리며, 앞으로도 이 희망을 나누는 사역을 계속해서 나가고 싶습니다.

고난이 내 삶에 주는 것

대담자

그러면 성도 삶의 문제나 목회자의 목회적 현존의 문제 모두 결국 무엇을 바라보느냐에 따라 큰 차이가 생긴다고 볼 수 있겠네요. 희망이라는 것이 언제나 고난을 압도하고, 희망이 고난의 문제와 고난의 문법을 해석해 낸다고 이해해도 될까요? 목사님께서는 희망을 바라보는 지점을 어떤 부분에서 찾으시는지, 그 희망이 목회와 삶에서 어떻게 작용하는지 말씀해주시기 바랍니다.

김성길 목사님

저는 어렸을 때부터 요셉 이야기가 그렇게 재미있더라고요. 어린 시절의 저에게 요셉은 단순히 흥미로운 성경 속 인물이었지만, 자라면서 그의 이야기를 더 깊이 이해하게 되었습니다. 제 삶과 비슷한 부분이 많다는 사실도 깨달았습니다. 요셉이 고난에 대해 우울해지거나 집착하는 순간이 인간적으로 있었을 수도 있겠지만, 성경에 기록된 그의 삶 전체를 보면 그런 모습은 거의 없었던 것 같습니다. 그는 언제나 하나님께서 보여주시는 꿈을 향해 나아갔고, 그 꿈이 하나둘 이루어지는 것을 보며 계속 전진할 수 있었던 것이겠지요.

요셉에게 고난은 단순히 넘어야 할 장애물이 아니었습니다. 그것은 그를 더 강하게 하고, 하나님께 더 가까이 가게 만드는 영양제와 같은 것입니다. 저는 그렇게 생각합니다. 감옥에서도 요셉은 흔들리지 않았습니다. 그는 자신의 상황 너머에 있는 하나님의 계획을 바라보았습니다. 그는 항상 하나님께서 이루실 일에 대해 확신하고 있었던 것입니다. 성경 말씀대로 마귀는 에덴동산에서부터 하나님의 일을 방해해 왔습니다. 그러나 성경을 보면 모든 방해가 결국 하나님의 뜻을 이루는 도구가 되었다는 것을 알 수 있습니다. 예수님의 탄생 이야기, 피난, 십자가에 돌아가심, 그리고 모든 시험 속에서도 "이는 성경이 이렇게 말씀한 것을 이루려 하심이라"라는 구절이 떠오릅니다. 결국 마귀가 아무리 방해해도 하나님의 일은 이루어질 뿐입니다.

고난이라는 것도 하나님께 택함 받고 구원받은 자녀라면, 그리고 더 나아가 하나님의 종이라면 반드시 필요한 과정이라고 봅니다. 하나님은 선하시기에 악을 창조하지 않으십니다. 진리이시기에 거짓을 행하지 않으십니다. 악역은 사탄이 맡고 있습니다. 그러나 사탄이 할 수 있는 일은 하나님께서 허락하신 범위 안에서만 이루어집니다. 이 사실을 알게 되면, 고난의 본질을 조금은 다르게 볼 수 있게 됩니다. 사탄의 방해는 하나님의 계획 속에서 그저 한 부분일 뿐입니다.

생각해 보면, 하나님께서 저를 향하신 축복과 목표를 이루는 과정에서 사탄이 하는 일은 결국 그 목표를 돕는 역할밖에 못 합니다. 요셉의 이야기를 보십시오. 형들의 시기와 질투, 보디발의 아내로부터 받은 누명, 감옥 생활까지 모든 것이 결국 그를 애굽의 총리로 이끄는 발판이 되었습니다. 그의 고난은 단순한 시련이 아니라, 하나님의 계획을 실현하는 디딤돌이었던 셈입니다. 그러므로 저는 사탄에 대해 이렇게 말하고 싶습니다. 사탄은 어쩌면 고마운 존재라고요.

하나님께서 허락하신 범위 안에서만 움직일 수 있다는 점에서, 그의 모든 방해는 결과적으로 하나님의 뜻을 이루기 위한 도구가 될 뿐이니까요. 이 사실은 저에게 큰 위안이 됩니다. 요셉의 이야기는 단순히 과거의 이야기가 아닙니다. 그것은 지금도 우리에게 주시는 메시지입니다. 하나님께서 주신 꿈과 계획이 있다면, 그 길은 절대 평탄하지 않을 것입니다. 그러나 그 고난은 하나님의 계획을 이루는 중요한 단계입니다. 저는 이러한 확신이 있기에 고난을 두려워하지 않습니다. 오히려 고난 속에서 하나님의 손길을 더 분명히 느낍니다. 하나님께서 저를 향해 주신 꿈과 축복을 믿으며, 오늘도 그 길을 걸어갑니다.

대담자

나를 방해하는 존재는 참 고마운 존재다. 김태숙 전도사님께도 여쭤보고 싶네요. 남문교회 시절, 대학부때부터 김성길 목사님과 함께 하셨다고 들었습니다.

김태숙 전도사님

네. 전 대학교 1학년 때부터 남문교회를 다녔습니다. 30년의 세월을 교회와 함께 보내오다 김성길 목사님의 권유로 51세 나이에 시은소교회 여전도사의 일을 시작하게 되어 목양 전도사로 사역을 하고 있습니다. 말씀을 조금 더 보태자면, 저는 목사님 설교를 30년 이상 들으면서 수많은 고난 속에서 위로받았습니다. 목사님의 모든 설교에는 위로가 기본적으로 담겨 있었습니다. 특히, 고아원에서 살아오신 목사님의 경험을 통해 고난 당한 자들의 형편을 깊이 이해하시는 모습이 느껴졌습니다. 고아원의 삶을 직접 겪지는 않았지만, 제 어려움과 비슷한 감정을 목사님이 알고 계신 듯한 위로를 받고, 이를 통해 '하나님이 나의 어려움을 알고 계시다'라는 확신과 은혜를 느낄 수 있었습니다.

또한, 목사님께서 희망을 담대히 이야기하실 때 저는 그 믿음의 힘을 직접 느꼈습니다. 목사님은 단순히 인간적인 긍정의 힘을 이야기하시는 것이 아니라, 성령님이 주시는 희망과 생각의 긍정성을 강조하셨습니다. 성령님께서 주시는 꿈과 희망은 우리에게 앞으로 나아갈 길을 보여주시며, 그 길 위에서 고난을 넘어설 수 있도록 도와주십니다.

대담자

사실, 이런 것이 역설적으로 고난이 만들어낸 문법이라고 할 수 있는 것 같습니다. 하나님을 따라가는 과정에서, 요셉도 그 어두운 공간 속에서 빛 하나를 보고 나아갔던 것이 아닐까요? 주변이 껌껌하고 희망이 없어 보이는 상황에서도, 그 빛 하나가 요셉을 움직이게 했고, 그 빛을 따라가는 여정 속에서 하나님의 계획이 이루어진 것이지요.

김성길 목사님

하나님이 그에게 준 꿈이 항상 있었지요.

김태숙 전도사님

'고난의 유익'이라는 어떤 목사님의 시에 곡을 붙여 만든 찬양도 있잖아요. 저희는 다 함께 그 찬송을 부르며 정말 힘들 때 눈물을 많이 흘렸습니다. 그런데 결국 그 가사의 의미가 고난이 유익하다는 것을 깨닫게 되었습니다. 저는 잊을 수 없는 설교 중 하나로, 목사님께서 "하나님은 고난이라는 보자기에 축복을 싸서 주신다"라고 하신 말씀이 생각납니다. 정말 힘들 때 그 말씀이 떠올라 큰 위로가 되었습니다.

특히 제가 대학생일 때, 주중에 하나님의 말씀이 꼭 필요할 때가 많았습니다. 그때 목사님이 기도하며 준비하신 설교 말씀이 신기할 정도로 꼭 필요한 순간에 떠올랐습니다. 삶이 힘들고 기운이 빠질 때마다 그 말씀이 따라다니듯 생각났고, 그것이 얼마나 놀라운 은혜였는지 지금도 기억합니다.

김성길 목사님

지금은 은퇴하신 장로님의 따님 댁에 제가 방문한 적이 있었습니다. 그때 김 전도사님께서 장로님의 따님께 "목사님께 무슨 말씀을 드린 적이 있냐?"라고 물으셨더니, 따님께서는 "무슨 말을 드린 일이 없다"라고 하셨습니다. 그런데 나중에 들리는 이야기를 들어보니, 그 집 딸이 "우리 집에 목사님이 CCTV를 설치해 놓으셨나 봐요"라고 말했다고 하더군요. 그만큼 제가 드린 말씀과 기도가 그들의 삶 속에 깊이 와닿았던 것 같습니다. 특히 봄 심방 때 제가 각 가정을 방문하여 말씀을 전하고 예배드릴 때, 우리 교인들은 그 말씀을 묵상하며 한 해를 무탈하게 보낼 수 있었다고들 하셨습니다. 제가 전한 말씀은 단순한 조언이 아니라, 교인들의 신앙에 나침반이 되어 그들의 삶을 인도해 주는 하나님의 은혜였음을 느낍니다.

대담자

참 귀합니다. 너무너무 좋네요.

김성길 목사님

사실 제가 총신 재단 이사와 액처(ACTS 현 아산대학교 신학부/ 구 아세아연합신학대학교) 재단 이사를 역임했을 때, 단순한 재단 이사가 아니라 김삼환 목사님이나 고세진 총장 같은 분들과 복잡한 문제를 해결해야 했던 시기가 있었습니다. 당시 한철아 박사와 함께 징계위원장을 맡아 총장과 교수들을 정리하고 학교를 새롭게 개편한 뒤 사표를 내고 나왔던 일이 있었습니다. 이런 일을 하면서도 저는 스스로 드러내거나 자랑하지 않았습니다. 박사 학위를 받았을 때도, 교회에서 전달식을 하는 전통이 있었지만, 저는 한 번도 그런 적이 없었습니다. 혹시라도 하나님께서 "너는 건방지다"라고 하실까 두려웠기 때문입니다.

제가 이런 자세를 갖게 된 데에는 고아원에서의 경험이 큰 영향을 미쳤습니다. 고아원을 나가기 약 1년 전쯤, 부엌 앞에서 꿈꾸었는데, 그 꿈에서 불길이 치솟으며 "성령의 불길이 다 타오르라"라고 외쳤습니다. 그 순간 공중에 뜨게 되었고, 아래를 보니 수많은 사람이 저를 바라보고 있었습니다. 그때 하나님의 음성이 들려왔습니다. "내 사랑하는 아들아, 이제 모든 사람이 너를 보고 있다." 이 말씀은 평생 저에게 큰 교훈이 되었습니다. 스스로 도덕적, 윤리적으로 허물을 남기지 않을 뿐 아니라, 잘난 체하지 말아야 한다는 깨달음을 주었습니다.

세계 선교 이사장(GMS 총회세계 선교회)을 맡았을 때에도 사진을 찍을 경우 가운데 서는 일이 없었습니다. 저를 드러내기보다는 하나님의 일을 이루는 데 초점을 맞췄습니다. 고난을 이겨낼 수 있었던 힘이 무엇이냐고 물으신다면, 그것은 '여호와를 만날 만한 때'에 대한 믿음에서 나왔습니다. 고난은 하나님을 만날 수 있는 기회이자, 응답받고 은혜와 축복을 받을 기회입니다. 저는 고난 속에서 항상 하나님의 은혜와 축복을 기대했습니다. 고난이 클수록 그 뒤에 오는 은혜와 축복도 크다는 것을 경험으로 알았기 때문입니다. 결국, 하나님의 말씀을 믿으라는 대로 믿고, 그 말씀을 따라 행하는 것에서 모든 힘이 나왔습니다.

앞으로 나아가게 하는 힘은 무엇인가?

대담자

목사님의 목회적 삶에서 앞으로 나아가게 하는 힘은 무엇인가요?

김성길 목사님

저는 변하지 않기를 간절히 기도합니다. 성경을 보면, 젊었을 때는 사명에 충실하고 하나님의 말씀에 어긋남 없이 살려고 노력했던 이들도 노년에 이르러 흐트러지는 경우를 종종 보게 됩니다. 엘리 제사장의 집안이 몰락하는 것을 목격하며 자란 사무엘조차도, 그의 자식들이 엘리 제사장의 자식들과 비슷해진 모습을 보았습니다. 다윗과 솔로몬 역시 처음에는 얼마나 아름다운 믿음의 모습을 보였습니까? 그러나 노년에는 실망스러운 모습을 남기기도 했습니다. 이런 성경의 이야기는 제게 항상 경각심을 일깨워 줍니다.

노년의 흐트러짐은 단순히 연약함의 문제가 아닙니다. 그것은 우리가 처음 받았던 은혜와 사랑을 끝까지 유지하고자 하는 싸움이라고 생각합니다. 그래서 저는 날마다 변하지 않기를 간절히 기도합니다.

완전히 유지할 자신은 없지만, 매일 하나님께서 주시는 은혜를 붙잡으며 한 걸음씩 나아가고자 합니다. 변치 않는 신앙, 끝까지 충성된 삶을 살고 싶습니다.

저는 지금도 충성되게 하나님의 일을 감당하고 싶습니다. 어린 시절부터 지금까지 쌓아온 신앙의 여정을 단순히 과거의 자랑으로만 여기지 않고, 오늘도 그 신앙을 실천하며 살고 싶습니다. 나이가 들수록 몸은 약해질 수 있지만, 하나님께서 주시는 힘으로 마음은 더 강해질 수 있다고 믿습니다. 충성은 단순히 행동으로 나타나는 것이 아닙니다. 그것은 우리의 생각과 마음속에서 시작되어, 우리의 말과 선택으로 이어지는 것으로 생각합니다. 그래서 저는 작은 일에서도 하나님께 드리는 충성을 놓치지 않으려 합니다.

성경에 나오는 아브라함의 삶을 돌아보면 큰 깨달음을 얻습니다. 처음에는 가나안 땅을 주시겠다는 하나님의 약속과 자손을 번성하게 하시겠다는 말씀, 그리고 물질적 복을 주시겠다는 약속을 믿고 걸어갔던 아브라함. 그러나 시간이 지나 약속들이 이루어지면서 그는 이 땅의 것을 넘어 더 나은 성, 천국을 바라보게 되었습니다. 히브리서 11장에 기록된 것처럼, 아브라함은 떠나온 고향을 그리워하지 않았고, 세상에 집착하지 않으며 천국을 소망하며 장막에 거했다고 합니다. 그가 바라본 것은 단순한 인간적인 복이 아니라 영원한 하나님 나라였던 것입니다.

아브라함의 삶을 묵상할 때마다 제 마음도 그와 같은 방향을 향하고 싶습니다. 저도 그렇게 살고 싶습니다. 젊을 때와 같은 열정으로 하나님을 섬기며, 마지막 날 주님께 칭찬받는 삶을 소망합니다. 이 땅의 복을 넘어 천국의 영광을 바라보며, 삶의 매 순간을 하나님께 드리기를 원합니다. 멀리 천국을 희망하며, 그곳을 향해 한 걸음 한 걸음 나아가고 싶습니다.

교회에서도 원로로 있으면서 섭섭한 마음이 들 때가 있겠지만, 그런 감정을 내려놓고 천국 소망에 모든 것을 걸고자 합니다. 하나님께서 맡기신 사명을 끝까지 지키며 살아가기를 소망합니다. 천국 소망은 단지 미래의 희망이 아닙니다. 그것은 오늘을 살아가는 이유이며, 제 삶의 목표이자 동력입니다. 어린 시절부터 지금까지, 그리고 앞으로도 저는 하나님께서 주시는 희망을 붙잡고 살아가려 합니다. 이 땅에서 삶이 아무리 길고 험난하더라도, 결국 하나님의 나라가 저의 궁극적인 목표라는 것을 믿습니다. 하나님께서 주신 은혜와 축복을 기억하며, 매일 새롭게 다짐하며 살아가는 것이 제 기도의 중심입니다.

충성된 삶은 단순히 현재에 안주하는 것이 아니라, 미래를 준비하는 삶입니다. 제가 충성으로 하나님을 섬길 때, 그것은 저를 넘어 다음 세대에게까지 이어지는 믿음의 유산이 될 것입니다. 저는 오늘도, 내일도, 하나님께서 허락하시는 날들 동안 변함없이 그 길을 걸어가고 싶습니다. 그것이 하나님께서 제게 맡기신 사명이고, 제가 살아가는 이유입니다.

그런 삶을 살기 위해 저는 매일 움직이고 노력하고 있습니다. 단순히 기도와 묵상에 머물지 않고, 하나님께서 맡기신 사역과 그분의 백성을 섬기며 구체적으로 행동에 나섭니다. 교회의 사역에서 작은 봉사까지, 모든 순간에 하나님께서 저를 사용하시도록 맡기고자 합니다. 저의 시간, 재능, 그리고 에너지를 하나님께 드리며, 그분의 뜻을 이루는 도구가 되기를 간구합니다. 이러한 노력은 결코 완벽할 수 없지만, 하나님께서 제 연약함을 통해서도 일하신다는 것을 믿습니다.

마지막 날, 주님 앞에서 제 삶을 돌아보며 '착하고 충성된 종'이라는 말씀을 듣고 싶습니다. 매일의 작은 선택과 행동들이 하나님의 뜻에 맞는지 묻고, 그분의 뜻에 따라 살아가기를 원합니다. 하나님께서 제게 주신 축복과 기회들을 헛되지 않게 사용하며, 천국을 향한 여정을 흔들림 없이 걸어가고자 합니다.

대담자
지금도 계속 하나님이 부르시면 나아가 섬기시기를 바라시는 거네요.

김성길 목사님

그럼요. 이번에도 저와 직접적인 관련이 없는 행사인데도, 필리핀에 있는 종합대학 개교식에서 스피치를 해달라는 요청을 받았습니다. 이렇게 하나님께서 계속해서 일할 기회를 주십니다. 임명하려면 어떻게 해야 할까요? 단순히 부탁만으로는 되지 않습니다. 사람들은 그저 자신들이 잘났다고 여기기 쉽지만, 저는 그 요청에 신중히 처리하며 그들의 자질과 책임감을 평가합니다. 아무리 요청이 많아도 무턱대고 임명하는 일은 절대 없습니다. 모든 것은 하나님께서 주신 지혜와 판단을 따라 진행합니다. 우리 노회는 장로교 정치가 강한 편인데도, 제가 은퇴한 지 10년이 다 되었음에도 노회가 열릴 때마다 여전히 현직 후배들이 찾아옵니다. 노회 임원, 총회 총대, 대학교 이사 등의 직책을 맡기 위해 서로 경쟁하는 모습을 보입니다. 그럴 때면 저를 찾아와 임명을 요청하곤 합니다. 아직도 은퇴 후에도 이렇게 일이 들어오니, 저는 그 일들을 계속 맡아서 하고 있습니다.

/ 말씀 앞에서

설교란 무엇인가?: 하나님과 사람을 잇는 고유한 다리

대담자

목사님께서는 종종 "할 말이 없다"고 농담처럼 말씀하시지만, 사실 설교는 목사님의 사역 가운데 가장 핵심적인 부분이 아닐까 생각합니다. 많은 독자들도 이 부분을 가장 궁금해할 것 같습니다.

일반적으로 교회가 성장하려면 제자훈련, 다락방 모임, 전도 행사, 부흥 집회 등 다양한 프로그램들이 병행되는 경우가 많습니다. 그런데 목사님 교회는 그런 프로그램 없이도 놀라운 성장을 이루었습니다. 목사님께서는 그저 '설교만 했다'고 말씀하시지만, 설교만으로 교회가 부흥한다는 것은 결코 쉬운 일이 아닙니다. 설교하지 않는 교회는 없지만, 오직 설교만으로 교회가 성장하고 부흥한 사례는 매우 드물기 때문입니다.

그렇다면 목사님의 설교에는 어떤 특별한 점이 있었던 걸까요? 물론 목사님께서 겸손하게 부인하실 수도 있겠지만, 이 부분에 대해 조금 더 나누어 주실 수 있을까요?

김성길 목사님

저는 설교를 이렇게 정의합니다. 설교는 제가 받은 은사를 통해 하나님과 사람을 잇는 고유한 다리입니다. 다른 이의 이야기를 차용하거나, 설교학의 방법론을 무작정 따를 수는 없습니다. 주석서를 펼쳐

학자들의 깊은 통찰을 읽어 보아도, 그것은 단지 참고일 뿐입니다. 제게 설교란 기도로 시작해 기도로 완성되는 여정입니다. 기도 속에서 성령의 은혜가 스며들 때, 설교는 비로소 생명을 얻고 살아 숨 쉬는 메시지가 됩니다.

신학교에 입학하기 전부터, 대구는 '한반도의 제2의 예루살렘'이라 불릴 만큼 성령의 강력한 역사가 있는 곳이었습니다. 그 시절 저는 기도를 통해 성령의 인도하심을 경험했습니다. 기도원에서는 원장들과 함께 은사를 나누며 깊은 기도의 시간을 보냈습니다. 어떤 분들은 자신의 모든 은사를 저에게 나눠줄 테니 제 은사의 일부라도 나눠달라고 요청하기도 했습니다. 이러한 체험들은 제게 성령의 은혜에 대한 확신을 심어주었고, 말씀을 전할 때 성령의 역사가 필요하다는 믿음을 가지게 했습니다. 지금도 그 믿음은 제 설교의 뿌리가 되고 있습니다.

설교를 준비할 때마다 저는 기도의 자리에 앉아 성령께 귀를 기울입니다. 성경을 읽고 묵상하며, 그 말씀이 제 마음 깊숙이 새겨질 때까지 기다립니다. 때로는 말씀 한 구절이 마치 심장에서 울려 퍼지는 종소리처럼 강렬하게 다가오는데, 저는 그것이 성령의 감동이라 믿습니다. 요한일서에서 "내가 너희에게 쓰는 것은 새 계명이 아니요, 이미 가지고 있는 계명이다"라는 말씀과, 이어지는 "내가 너희에게 새 계명을 쓰노라"라는 구절이 그러한 경험을 잘 설명해 줍니다. 이미 주어진 말씀이지만, 성령의 역사 속에서 새롭게 깨달아지고 적용될 때, 그것이 곧 새 계명으로 다가온다는 깨달음입니다.

그것은 성도의 삶에 맞는 하나님의 메시지를 전달하는 것입니다. 심방을 다니며 성도의 집을 방문할 때, 그 가정의 분위기와 형편을 느끼며 하나님께서 주시는 말씀을 떠올립니다. 또, 예배 중 찬송이나 기도를 드릴 때, 특정한 성경 구절이 떠오르는 순간이 있습니다. 저는 이런 순간들을 결코 우연으로 여기지 않습니다. 그것이 바로 그 가정을 위한 하나님의 메시지라는 확신 속에서 말씀을 전합니다. 이러한 과정에서 성령의 은혜가 없다면, 설교는 단순한 정보 전달로 끝나고 말 것입니다.

모든 성도가 새 노래로 하나님을 찬양하고, 목회자는 새 계명을 전하며, 성도가 그 계명을 삶 속에서 열매 맺도록 돕는 것. 이것이 제가 믿는 설교의 진정한 목적입니다. 설교는 목회자의 노력만으로 이루어지지 않습니다. 성령의 역사와 하나님의 인도하심이 함께할 때야 비로소 온전해질 수 있습니다. 설교자가 전하는 말씀이 성도의 마음에 심기고, 그 말씀이 삶을 통해 실천될 때, 그 순간이야말로 설교가 완성되는 때라고 믿습니다.

설교는 하나님과 성도를 잇는 생명줄입니다. 저는 기도로 그 다리를 세우며, 성령의 감동이 그 다리를 더욱 견고하게 하기를 매일 간구합니다. 성도 또한 그 다리를 통해 하나님의 사랑과 말씀을 새롭게 경험할 수 있기를 간절히 소망합니다. 그렇게 설교는 매 순간 새로워지고, 하나님의 살아 있는 메시지가 되어 사람들의 삶을 변화시킬 것입니다.

대담자

평소에 목사님은 말씀에 대한 깊은 이해와 내적인 깨달음뿐만 아니라 지식적으로도 풍부하게 갖추고 계시네요.

김성길 목사님

저는 강해 설교를 하지 않습니다. 이건 제 입장에서 본 해석이긴 하지만 강해 설교는 성경공부와 크게 다르지 않다고 느껴지기 때문입니다. 성탄절 설교를 7월에 하거나 부활주일 설교를 성탄절에 할 수도 있듯이, 설교의 주제와 본문은 항상 상황과 성도의 필요에 따라 결정되어야 한다고 생각합니다. 한때 강해 설교가 유행했던 적이 있지만, 저는 그 방식에 동의하지 않습니다.

저는 설교가 반드시 감동을 동반해야 한다고 믿습니다. 그 자체로 성도의 마음을 흔들고, 하나님의 사랑을 경험하게 하는 살아 있는 도구가 되어야 합니다. 성도가 그들의 일상에서 하나님의 뜻을 발견하고, 그분의 사랑을 깊이 체험하도록 돕는 것입니다. 설교를 통해 하나님의 말씀은 고대의 이야기가 아니라, 오늘의 삶 속에서 성도에게 생생하게 다가가야 합니다. 이를 위해서는 기도와 성령의 인도하심이 필요합니다. 저는 설교자가 성령의 감동을 받아야만 성경 말씀을 통해 성도에게 진정한 영적 도전을 줄 수 있다고 믿습니다.

나는 어떤 마음으로 설교를 준비하는가?

대담자

설교에 대한 철학이 무엇인가요?

김성길 목사님

앞서 말씀드렸듯이, 제 설교 철학은 단순합니다. 설교는 성경 본문의 의미를 해석하는 데서 멈추지 않고, 그것을 성도의 현재 삶에 연결해야 합니다. 성경의 이야기는 과거의 기록이면서도 오늘날에도 동일하게 적용되는 하나님의 살아 있는 말씀입니다. 예를 들어, 다윗과 골리앗의 이야기가 단순한 역사적 기록으로 끝나는 것이 아니라, 오늘날 우리의 삶에서 맞닥뜨리는 거대한 도전과 두려움을 극복하도록 돕는 메시지로 다가와야 합니다. 성령의 인도하심에 따라 설교의 방향이 정해질 때, 성도는 진정으로 하나님과 연결될 수 있습니다. 설교자는 예배 전과 설교 준비 과정에서 기도로 하나님께 묻고, 성령께서 보여주시는 길을 따라야 합니다. 저는 설교를 통해 성도가 하나님의 은혜를 경험하고, 그들의 삶 속에서 변화와 열매를 맺는 것을 가장 큰 목표로 삼고 있습니다.

사람들에게 감동을 주는 것은 단순한 기분 전환이 아닙니다. 그것은 사람의 마음을 움직이고, 변화를 끌어내는 힘입니다. 역사와 사회 어디에서나, 감동은 성공과 변화를 이끄는 핵심 요소였습니다. 이를 역사 속에서 확인할 수 있습니다. 예를 들어, 히틀러에게는 괴

벨스라는 인물이 있었습니다. 히틀러가 반대했음에도 불구하고, 괴벨스는 독일이 패배하고 있는 상황에서도 국민에게 희망을 외치며 끊임없이 이벤트를 기획했습니다. 물론 우리는 전혀 다른 방향에서 이를 이야기하지만, 이는 사람들에게 감동을 주는 것이 얼마나 강력한 영향을 미칠 수 있는지를 보여줍니다. 교회에서도 마찬가지입니다. 목사는 강단에서 성도에게 감동을 주는 역할을 맡고 있습니다.

설교를 하는 강대상에 대해서도 고민이 많습니다. 최근 교회에서는 크리스탈로 만든 작고 낮은 강대상이 인기를 끌고 있습니다. 현대적이고 세련된 디자인이라는 이유에서입니다. 그러나 저는 개인적으로 이러한 강대상에 반대합니다. 설교학에서 배운 바에 따르면, 강대상의 무게는 메시지의 무게와 정비례해야 한다고 배웠습니다. 강대상은 단순한 구조물이 아니라, 설교자의 권위와 하나님의 말씀에 중대함을 상징하기 때문입니다.

유럽의 오래된 교회들에서는 강대상이 단순한 설교 도구를 넘어 신성한 메시지를 전하는 자리로 여겨졌습니다. 높고 웅장한 설교대는 설교자의 위치를 강조하며, 하나님의 말씀의 권위를 드러냈습니다. 심지어 어떤 교회에서는 설교대에 자물쇠를 잠그고, 그 자리를 신성불가침의 영역으로 여겼습니다. 이런 전통은 설교를 단순한 말씀이 아니라 하나님의 임재를 선포하는 행위로 존중한 것입니다. 그러나 현대 교회에서는 이런 상징과 전통이 희미해지고, 설교자의 권위 또한 약화하고 있는 듯 보입니다. 설교의 권위는 설교자 자신을 위한 것이 아니라, 성도가 하나님의 신성을 느낄 수 있도록 돕기 위한 것입니다.

또한, 강대상은 실용적인 역할도 합니다. 설교자의 하체를 가리고 자세를 안정시키며, 청중과의 시각적 균형을 맞춥니다. 그러나 현대식 투명하고 낮은 강대상은 이러한 점을 충분히 고려하지 못한 경우가 많습니다. 말씀의 무게를 전달해야 할 강단이 지나치게 가벼워 보인다면 메시지의 깊이마저 약화할 수 있습니다. 외형이 현대적이라고 해서 메시지 전달이 더 효과적이라고 단정할 수는 없습니다. 이런 생각을 아들에게조차 쉽게 말하지 못합니다. 잔소리로 들릴까 봐 조심스럽습니다. 그러나 설교의 본질과 강대상의 의미를 회복하는 일은 여전히 중요한 과제입니다. 설교자는 단순히 성경을 읽고 해석하는 사람이 아니라, 성령의 메시지를 전하고 하나님의 권위를 대표하는 자리에서 그 역할을 감당해야 합니다. 강대상의 의미와 설교의 본질을 다시 세우는 일은 오늘날 교회가 반드시 고민해야 할 문제입니다.

대담자
강대상 하나에도 본질에 대해 깊이 고민하신 흔적이 느껴집니다. 쉽게 이야기하지 못하는 부분일 수 있는데 말씀해주셨네요.

김성길 목사님
대부분 책에는 이런 이야기가 잘 기록되지 않습니다. 자기 체면 때문일 수도 있지만, 저는 설교자가 성도의 삶을 깊이 살피고 기도하는 일이 무엇보다 중요하다고 믿습니다. 설교자는 단순히 강단 위에서 말씀을 전하는 사람이 아닙니다. 성도의 이름을 하나하나 부르며 기도하고, 병든 사람이나 시험에 든 사람들을 위해 마음을 다해 간구해야 합니다. 때로는 성도의 삶에 깊이 들어가는 심방을 통해 그들의 신앙을 회복시키는 노력도 필요합니다.

예를 들어, 구정이나 추석 같은 명절에 성도가 고향을 다녀오는 일이 흔합니다. 과거 불신 가정에서 예수님을 믿기 시작한 성도는 명절을 보낸 후 신앙의 열정이 식거나 교회를 떠나는 경우가 종종 있었습니다. 이러한 상황을 알기에, 저는 성도의 가정을 방문해 그들의 상태를 살피고, 말씀과 기도로 회복을 돕고자 했습니다. 이는 단순한 방문이 아니라, 그들의 신앙을 다시 세우는 과정이었습니다. 신비주의적으로 표현하자면, 불신 가정에서 돌아온 성도는 영적인 공격을 받을 수 있습니다. 심리적으로는 불신 환경에서 위축되거나 고난 속에서 신앙이 흔들렸을 가능성이 큽니다. 저는 그들이 받은 부담과 영향을 벗어날 수 있도록 말씀과 기도로 돕고자 했습니다. 겉으로는 성경 말씀을 나누고 기도했지만, 내적으로는 그들의 영적 상태를 위해 깊이 간구하며 하나님의 은혜를 구했습니다. 이 과정은 성도에게 위로와 힘을 주는 중요한 사역이었습니다.

심방을 통해 깨달은 것은, 설교 말씀이 성도의 삶에 직접 들어가야만 신앙이 흔들리지 않고 다시 열정을 회복할 수 있다는 점입니다. 저는 그들의 아픔과 고통을 함께 나누며, 말씀과 기도로 새로운 힘을 북돋아 주고자 했습니다. 때로는 눈물을 흘리며 기도하고, 때로는 웃음을 되찾기 위해 노력했습니다. 심방은 단순한 방문이 아니라,

성도의 삶 속에서 하나님의 빛을 비추고 그들에게 은혜를 전하는 시간이었습니다.

대담자

명절과 같은 우리나라의 고유한 문화 중 성도가 신앙생활 하는 데 있어 염려하고 어려워하는 부분이 있다는 말씀인 거지요?

김성길 목사

그렇습니다. 신앙생활은 본질적으로 영적인 것입니다. 단순히 지식을 쌓거나 논리적으로 이해하는 것을 넘어, 내적 변화와 영혼의 성숙을 요구합니다. 설령 설교와 성경공부를 통해 방대한 정보를 습득한다 해도, 성령의 역사와 영적 감각이 없다면 그것은 단지 머릿속 데이터에 불과합니다. 신앙은 머리에서 시작해 가슴으로 내려가 삶 속에서 실천될 때 비로소 꽃피웁니다.

2000년 전 영지주의의 예를 들면, 신앙을 지적 영역으로 축소할 때 발생하는 위험이 분명해집니다. 영지주의는 지식과 계몽을 통해 구원에 이를 수 있다고 주장하며, 신앙을 머리로만 이해하려 했습니다. 그러나 진리는 단순히 지식으로 이해할 수 있는 것이 아니라, 하나님의 은혜와 성령의 숨결 속에서 살아 움직이며, 영혼 깊은 곳에서 역사합니다. 지식은 신앙을 이해하는 유용한 도구일 수 있지만, 신앙의 본질을 대체할 수는 없습니다.

오늘날에도 이와 비슷한 위험이 존재합니다. 이단들은 지식을 무기로 삼아 사람들을 현혹합니다. 인터넷과 소셜미디어를 통해 학문적 근거처럼 보이는 자료를 퍼뜨리거나 철학적 논쟁을 활용해 성도의 마음을 흔들곤 합니다. 이들은 신앙을 단순히 지적 토론으로 변질시키며 성도의 영혼을 메마르게 만듭니다. 이처럼 신앙이 단지 알기 위한 것이라면 금세 식어버리는 불꽃에 불과합니다. 신앙은 머리로만 이해되는 것이 아니라, 가슴으로 느끼고 영혼으로 실천되는 것입니다. 하나님과의 인격적인 교제가 없는 신앙은 공허한 껍데기일 뿐입니다.

심방과 같은 목회 활동은 이러한 신앙의 본질을 잘 보여줍니다. 심방은 성도의 삶에 들어가 그들의 영적 상태를 이해하고, 말씀과 기도를 통해 회복과 치유를 돕는 시간입니다. 그 시간을 통해 성도의 내면에 묻힌 상처와 혼란을 성령의 힘으로 치유하는 여정입니다. 지식은 신앙을 이해하는 데 중요한 역할을 하지만, 그것만으로는 충분하지 않습니다. 신앙은 성령의 역사와 하나님의 말씀 속에서 자라나며, 목회자는 성도가 하나님과 더 깊은 관계를 맺고, 그분의 은혜를 일상에서 누릴 수 있도록 돕는 동반자가 되어야 합니다. 이 모든 과정은 하나님의 은혜와 성령의 이끄심 속에서만 가능하다는 진리를 우리는 잊지 말아야 합니다.

대담자
굉장히 뼈를 때리는 말씀입니다.

김성길 목사님

저는 교회론과 관련된 많은 문제를 생각하며 목회합니다. 이전 은퇴를 앞두고 설교를 준비했던 적이 있습니다. 그때 "모세가 죽으니 여호수아가 요단강을 건너더라"라는 주제로 설교하려 했지만, 결국 요단강을 건너는 부분은 후임자에게 맡기는 것이 옳다고 판단했습니다. 이 결정을 내릴 때, 저는 자연스럽게 하나님의 섭리가 세대와 세대를 이어가는 과정을 떠올렸습니다. 우리의 역할은 이어 달리는 릴레이 주자에게 바톤을 건네주는 손길처럼, 사명을 다음 사람에게 맡기며 하나님께 영광을 돌리는 것입니다.

최근에는 교회론과 직분론, 심지어는 십일조에 대한 논쟁이 많아지고 있습니다. 유튜브를 통해 쉽게 접할 수 있는 이런 논의들은 많은 성도에게 혼란을 주고 있습니다. 특히 큰 교회의 목사들이 TV나 매체에 나와 자신의 위치를 강조하며 목사를 대접해야 복을 받는다거나, 목사를 존중해야 은혜를 받는다는 식으로 말하는 것을 볼 때가 있는데 마음이 무겁습니다. 이런 표현은 오히려 교회의 본질을 흐리게 하고, 성도의 신앙을 왜곡할 위험이 있습니다. 교회는 목회자가 권위를 내세우는 장소가 아니라, 사랑과 겸손으로 섬김을 실천하는 공간이어야 합니다.

교회의 본질은 단순히 모임 이상의 의미가 있습니다. 성경에서 말하는 에클레시아라는 단어의 본래 뜻은 '부름을 받은 자들의 모임'입니다.

하나님께서 세상으로부터 불러내어 구별하신 사람들의 공동체, 곧 성도들의 모임, 교회를 뜻합니다. 요한계시록에 나오는 소아시아 일곱 교회를 보면 각 지역 교회가 구체적으로 언급되고 있습니다. 에베소 교회는 처음 사랑을 잃어버린 문제를 지적받았고, 라오디게아 교회는 미지근한 신앙으로 인해 책망받았습니다. 이러한 언급은 교회가 단순한 모임 이상의 영적 상태와 사명을 담고 있음을 보여줍니다. 이는 단순히 성도 둘 이상 모인 것이 교회라는 의미를 넘어, 지역과 공동체의 구체적 특성을 가진 모임으로서의 교회를 강조합니다. 교회는 단순히 숫자로 정의되지 않으며, 각 공동체의 독특한 배경과 문화를 품는 살아 있는 유기체입니다.

교회 역사를 보면, 제단에서 시작하여 성막, 회당, 그리고 에클레시아로 발전해 왔습니다. 제단은 아브라함이 하나님께 드린 제사를 통해 개인의 신앙 고백이 시작된 곳이었으며, 성막은 이스라엘 백성들이 광야에서 하나님과의 만남을 경험했던 이동식 성전이었습니다. 이후 회당은 바벨론 포로기 이후 공동체의 신앙을 유지하며 율법을 배우는 중심지가 되었고, 에클레시아는 신약 시대에 이르러 지역 교회와 같은 형태로 발전했습니다.

제단은 영적인 요소와 물질적인 요소가 결합한 형태이며, 성막 또한 영적인 '성소'와 물리적인 '막'이 결합한 구조입니다. 회당 역시 영적인 '회'와 물리적인 '당'이 합쳐진 개념으로, 물질과 영적인 요소가 조화를 이루는 것이 교회의 본질임을 보여줍니다. 고린도전서 3장에서도 "너희 몸은 하나님의 성령이 거하시는 성전"이라고 말씀하시며,

성도가 하나님의 성전임을 강조합니다. 교회는 개인의 영혼 안에 거하시는 하나님과 공동체 안에 임재하시는 하나님이 조화를 이루는 장소입니다.

하지만 이러한 영적인 의미만으로 교회를 정의할 수는 없습니다. 성도가 함께 모여 예배드리는 공간과 공동체가 교회의 또 다른 중요한 요소입니다. 예루살렘 교회에서 시작된 초대 교회의 모습은 이러한 물질적 요소와 영적인 요소의 조화를 잘 보여줍니다. 그들은 함께 떡을 떼며, 서로의 필요를 채우는 공동체의 본질을 실천했습니다. 이런 모습은 오늘날에도 여전히 교회가 나아가야 할 방향을 제시합니다.

결국, 교회의 발전사는 구원의 서정을 따라 이해해야 합니다. 구원의 서정은 하나님의 계획에 따라 인간이 죄에서 벗어나 구원을 얻는 일련의 과정을 말하며, 이를 통해 교회의 역사와 의미가 더욱 명확히 드러납니다. 천국에서는 하나님과 어린 양이 성전 그 자체가 되시지만, 이 땅에서는 성도가 모여 예배드리는 교회를 통해 하나님의 임재를 경험하게 됩니다. 교회를 단순히 인간적인 모임이나 조직으로 보지 않고, 구원의 역사와 하나님의 섭리 안에서 이해할 때, 우리는 그 본질을 더욱 깊이 알 수 있습니다.

그러나 오늘날 많은 성도가 교회론에 대해 혼란을 겪고 있습니다. 이는 교회의 본질을 잘못 이해하고, 지역 교회를 가볍게 여기며, 무교회주의적 태도를 취하는 데에서 비롯된다고 봅니다. 교회는 단순히 모임 이상의 거룩한 공동체이며, 하나님의 구원하는 섭리가 이루어지는 장소임을 다시금 깨닫는 것이 중요합니다. 교회는 인간의 욕심이 아니라, 하나님의 계획과 목적을 이루는 신성한 터전임을 기억해야 합니다.

좋은 설교를 위해 준비해야 하는 것

대담자

맞습니다. 굉장히 좋은 말씀입니다. 하나님은 교회에 말씀을 주십니다. 그럼 그런 중요한 말씀을 전달하기 위해 설교를 어떻게 준비하시나요?

김성길 목사님

설교는 항상 기도로 시작합니다. 기도 속에서 하나님께서 깨닫게 해주시는 말씀을 중심으로 본문을 선택하고, 이 본문이 전할 메시지를 묵상합니다. 설교를 작성하며, 새롭게 느껴지는 영적인 통찰이 있을 때마다 주석과 비교해 확인합니다. 이렇게 다듬어진 설교는 성도에게 은혜와 위로를 줄 수 있는 생명력 있는 메시지로 변모합니다.

우리 교회는 한동안 수원에서 초교파적으로 가장 활발한 사역을 펼쳤습니다. 교파를 초월한 접근 방식은 많은 사람에게 긍정적인 영향을 미쳤으며, 이는 성도에게 하나님의 사랑이 교회와 교파의 경계를 초월한다는 희망을 주었습니다. 하지만 요즘은 그런 열정이 조금 줄어든 것 같아 아쉬운 마음이 듭니다. 그럼에도 저는 성도에게 필요한 메시지를 전하기 위해 기도로 준비하며 최선을 다하고 있습니다. 하나님께서 주시는 사명은 시대와 상황을 초월해 우리에게 맡겨진 소중한 책임임을 잊지 않으려 합니다.

오늘날 교회론과 관련된 각자의 관점에서 오는 혼란한 상황을 보면 안타까운 마음이 듭니다. 성경에서 교회는 단순히 사람들이 모이는 장소가 아닙니다. 교회는 하나님의 구원하는 섭리가 이루어지는 거룩한 공동체이며, 성도가 서로를 세우고 함께 예배드리는 공간입니다. 이 본질을 잃지 않고, 지역 교회의 중요성을 다시 강조하는 것이 우리 모두의 사명이라고 믿습니다.

김태숙 전도사님

대학교 1학년 때 목사님을 처음 알게 되었는데, 그때부터 지금까지 목사님의 설교를 통해 많은 은혜를 받았습니다. 목사님은 굉장히 예민하시고 섬세하신 분이십니다. 그런 감각으로 성도의 삶을 세심하게 이해하시며, 각 사람에게 맞는 사랑을 전하십니다. 그래서 우리는 목사님을 통해 하나님의 사랑을 깊이 경험할 수 있었습니다. 목사님의 설교에는 특별한 공감대가 있습니다. 목사님께서는 하나님은 아니지만, 목사님을 통해 보이지 않는 하나님을 가까이 느끼게 되었습니다. 목사님의 설교는 성도의 마음속 깊은 곳을 어루만지며 큰 위로와 은혜를 주었습니다. 책으로 은혜를 받는 것은 쉽지 않지만, 목사님의 설교는 기도와 영적인 고민에서 시작됩니다. 성도의 상황을 깊이 이해하고, 그에 맞는 말씀을 전하시는 목사님의 설교는 단순한 지식 전달을 넘어서, 삶 속에서 신앙을 실천할 수 있는 실질적인 도움을 주었습니다.

특히 성도에게 기억에 남는 장면은 목사님의 기도였습니다. 늘 기도 중에 "말씀의 지혜와 지식의 은사를 달라"고 간구하시던 목사님의 모습이 떠오릅니다. 기도의 마지막 부분이 마이크를 통해 들릴 때, 그 간절함은 우리 모두에게 깊은 울림을 주었습니다. 목사님께서 기도로 빚어낸 설교는 하나님의 메시지가 되어 우리에게 큰 감동과 은혜를 남겼습니다.

이렇게 빚어진 설교는 성도를 향한 사랑과 이해, 그리고 하나님의 뜻을 전하는 통로가 되었습니다. 목사님의 설교는 지금도 많은 성도에게 심령을 움직이는 말씀으로 남습니다.

김성길 목사님

저는 담임목사를 위해 항상 기도합니다. 바울이 에베소서에서 말한 것처럼, 하나님께서 지혜와 계시의 정신을 주셔서 하나님을 알게 하시고 복음의 비밀을 밝히 깨달아 담대히 전하게 되기를 간구합니다. 이 기도는 마치 어두운 길을 비추는 등불처럼, 진리를 향한 걸음을 안내하는 하나님의 은혜를 의지하는 믿음에서 비롯됩니다. 바울의 기도는 단순히 지식을 얻는 것을 넘어, 영적인 깨달음과 하나님의 임재를 경험하는 것을 전제로 합니다. 저도 아들을 위해 기도할 때, 하나님께서 그 마음과 영혼을 열어 주셔서 성경의 깊은 진리를 깨닫고,

복음의 능력을 삶 속에서 담대히 증거하는 사람이 되게 해달라고 간구합니다. 제가 간구하는 것은 아들의 신앙이 하나님과 깊은 교제를 통해 살아 숨 쉬는 믿음으로 자라나길 바라는 것입니다.

결국, 이러한 기도는 우리의 의지나 노력만으로는 이룰 수 없는 하나님의 은혜와 도우심을 의지하는 것입니다. 제가 아들을 위해 바라는 모든 것은 하나님의 지혜와 계시로 인해 하나님과 더 깊이 동행하며, 삶이 하나님의 영광을 드러내는 도구가 되기를 바라는 마음에서 나옵니다.

김태숙 전도사님

목사님께서 본인을 위해 기도를 부탁하실 때도 하나님께서 담임 목사님에게도 지혜와 계시의 정신을 달라고 기도 부탁을 하셨습니다. 그래서 목사님의 이와 같은 태도는 성도가 더욱 하나님께 나아가도록 격려하는 힘이 있었습니다. 목사님의 말씀과 기도가 은혜가 되는 이유 중 하나는, 목사님께서 성도를 깊이 이해하시고 그들의 삶에 맞는 말씀을 전하셨기 때문입니다. 목사님은 각 성도의 상황과 필요를 고려하여 말씀을 전하셨기에 자신이 하나님의 특별한 돌봄과 사랑을 받고 있다고 느낄 수 있었습니다.

목사님의 설교와 기도는 단순히 종교적 의무를 넘어, 성도를 향한 깊은 관심과 사랑의 표현이었습니다. 그 모습은 한 사람 한 사람의 인생에 따뜻한 빛을 비추는 등불과 같았습니다. 성도가 하나님과의 관계를 더욱 깊게 하고, 그분의 말씀 안에서 위로와 힘을 얻을 수 있도록 도왔습니다. 목사님의 기도와 설교는 하나님과 성도 사이를 연결하는 통로 역할을 했으며, 많은 이들에게 은혜와 도전으로 남아 있습니다.

대담자

지금 성도 편에서 이야기하신 부분은 굉장히 중요한 얘기를 하신 거예요. 설교의 탁월함도 있지만 사랑의 탁월함이 있다는 것이지요. 구체적이고 민감하게 성도를 파악하고 설교가 다가가니깐 그것이 각자의 삶에 적용이 되어서 항상 설교가 내 삶에 붙어 있는 거지요. 어떻게 보면 사랑이 결여된 설교가 아니고 사랑이 밀접하게 시온소교회의 성도에게 있는 거지요. 사랑의 언어인 거지요.

김성길 목사님

제가 후배들에게 늘 강조하는 두 가지 원칙이 있습니다. 바로 "희생이 권위고, 헌신이 능력이다"라는 것입니다. 아무리 학문적으로 뛰어나지 않은 목사라도, 심지어 목사가 아닌 구역장이라도, 성도에게 다가가고 희생적으로 섬기면 그 사람은 성도에게 인정받습니다. 이는 단순히 직위나 학력으로 얻어지는 것이 아닙니다. 자기를 위해 누가 희생하고 있는지를 성도는 본능적으로 느끼기 때문입니다. 그러나 많은 목회자가 학벌이나 경력을 과시하며 권위를 세우려고 하는데, 이는 큰 착각입니다. 희생과 헌신이 없는 권위는 진정성을 잃고 맙니다.

헌신은 능력을 가져옵니다. 성경에서 삼손은 머리카락을 자르지 않는 한 놀라운 힘을 발휘할 수 있었습니다. 이는 오늘날로 치면, 자신의 소명을 지키고 하나님께 온전히 의지할 때 그 안에서 우리가 상상하지 못한 잠재력과 능력이 드러나는 것과 같습니다. 비록 실수와 허물이 있었더라도, 하나님께 헌신하면 능력을 다시 주셨습니다. 마찬가지로, 목회자가 성도를 위해 헌신하면 하나님께서 반드시 그 능력을 나타내십니다. 저도 목회 중에 병든 성도를 위해 기도할 때 하나님께서 놀라운 역사를 보여주신 경험이 많습니다.

이와 같이 우리 교회는 50년 동안 많은 기적을 경험했습니다. 특히 대학부 수련회에서는 매년 하나님의 특별한 역사가 있었습니다. 마지막 날이 되면 학생 중 한 명이 귀신에 사로잡히는 일이 종종 있었습니다. 그러면 학생들과 지도자들이 함께 간절히 기도하며 그 귀신이 떠나가게 했고, 귀신 들린 상태로 수련회를 마친 경우는 단 한 번도 없었습니다. 또한, 설교에는 현상학적인 표적도 종종 동반되었습니다. 이는 단지 이론적인 설명으로 끝나는 것이 아니라, 하나님의 능력이 실제로 나타나는 설교였습니다. 저는 이러한 표적이 현대 교회에서도 반드시 필요하다고 믿습니다. 설교와 목회의 중심에는 항상 성경 말씀과 성도를 위한 희생과 헌신이 자리 잡아야 합니다.

표적과 기적의 현장

김성길 목사님

수원에 있었던 한 사건을 통해, 하나님의 능력과 기적을 체험한 일을 나누고 싶습니다. 피터 정 장로님은 극동방송의 주요 후원자로 잘 알려져 있으며, 그 장로님의 장인어른과 가족 중에는 한때 무당으로 활동하던 분도 있었습니다. 특히, 장로님 아내인 사모님의 사촌 언니는 남묘호란게쿄 무당이었고, 장로님의 공장 사택에서 생활하며 여전히 무당 활동을 이어가고 있었습니다. 그때 장로님께서 저에게 연락을 주셔서 집으로 오라고 하셨습니다. 그 집에서 예배드리며 안수 기도를 시작하려는 순간, 강한 영적 도전이 있음을 느꼈습니다. 당시, '엑소시스트'라는 영화가 상영되던 시기였기에 그 장면이 순간적으로 떠올랐습니다. 저는 기도할 때 눈을 감지 않고, 단거리 선수가 스타트 라인에 선 것처럼 한쪽 무릎을 세우고 대비했습니다. 기도를 시작하자마자, 무당이 방바닥을 기며 강한 반응을 보이기 시작했습니다. 그리고 저에게 돌진하더니, "바꿔!"라고 소리쳤습니다. 저는 계속 기도하며 귀신이 떠나가도록 했고, 마침내 귀신이 떠나가게 되었습니다. 그 이후, 그 집에 있던 제사 도구와 제기들을 모두 모아 마당에 내놓고, 장로님의 가족들과 함께 그것들을 파괴하고 불태웠습니다. 이 사건을 통해, 장로님 가족은 큰 은혜를 경험하게 되었고, 저 역시 하나님의 역사하심을 깊이 체험했습니다.

우리 교회는 50년간 이런 간접적이든 직접적이든 기적을 체험한 수많은 성도가 있습니다. 이는 단순히 특별한 경험을 넘어, 하나님께서 여전히 우리와 함께하시며, 성도의 삶 가운데 역사하심을 증거하는 것입니다. 하나님께서는 항상 우리를 위해 일하시며, 그분의 능력을 드러내십니다. 이런 체험들은 우리 믿음을 더욱 견고하게 하고, 하나님의 사랑과 능력을 증명하는 살아있는 증거가 됩니다.

/ 기도로 걸어온 믿음

기도란 무엇을 말하고, 무엇을 이루는가?

대담자

기도에 관해 이야기해 주시면 좋을 것 같습니다. 교역자분들 사이에서도 목사님의 기도가 굉장히 특별하다고들 하셨는데, 그 기도와 관련된 목사님의 신앙적 통찰과 경험을 들려주시면 큰 은혜가 될 것 같습니다.

김성길 목사님

기도는 제게 목회의 뿌리이자 중심이었습니다. 처음부터 제가 특별히 많이 기도한다고 생각한 적은 없지만, 목회와 기도는 떼려야 뗄 수 없는 관계였습니다. 기도하지 않으면 설교도 준비할 수 없었고, 교인들을 사랑하고 그들의 영혼을 돌보는 마음도 생기지 않았습니다. 목회는 저의 힘만으로 감당할 수 없는 일이었기에 기도는 선택이 아니라 필수였고, 그 자체가 제 목회의 시작이자 끝이었습니다. 목회라는 것이 곧 기도니까요. 모든 것을 감당할 힘조차 내 안에서 나올 수 없으니 기도할 수밖에 없는 것입니다. 그러니 다른 목사님들보다 특별히 더 기도한다는 생각은 들지 않았습니다. 다만 기도할 때는 늘 하나님 앞에서 솔직하고 간절하게, 믿고 나아갔을 뿐입니다. 그렇게 기도하면 하나님께서 반드시 이루어 주신다고 믿었고, 생활 속에서도 늘 기도하는 마음을 잊지 않았습니다.

이성복 목사님이 말씀하셨듯이 물을 마셔도 기도하고, 한 모금이든 세 모금이든 마실 때마다 성부, 성자, 성령 하나님을 떠올리며 기도했습니다. 과거에는 새벽 4시 반이면 종을 직접 쳤습니다. 그땐 사찰도 없었으니까요. 겨울엔 줄이 얼어서 손이 꽁꽁 어는 고통을 참으며 종을 50번씩 쳤습니다. 그렇게 관성에 따라 종이 자동으로 울리다가도 딱 잡아 멈추고 기도하는 시간이 제겐 너무나도 소중했습니다. 그렇게 기도하고 나면, 내 안에 힘이 차올랐습니다. 하나님께서 나를 바라보고 계신다는 확신이 생겼고, 하루를 이끌어갈 힘이 부어졌습니다. 그저 일상생활에서 늘 기도하는 마음으로 살았습니다. 쉬지 말고 기도하라는 말씀처럼 누구와 대화할 때든, 무엇을 하든, 기도하는 마음이 제 안에 깃들어 있었으며 숨 쉬는 것처럼 자연스럽고 필수적인 것이었습니다.

목회를 처음 시작하게 되었을 때의 일입니다. 고아원에서 나와서 갈 곳은 없었고 저는 산으로 올라갔습니다. 거기서 그날은 기도에 응답이 없으면 "이곳에서 그냥 죽겠습니다"라고 하나님 앞에 매달리기도 했습니다. 지금도 생생히 기억나는 날이 있습니다. 12월 27일의 한겨울, 책가방을 깔고 담요를 덮은 채 얼어 죽을 것 같은 추위 속에서 손을 모아 기도하던 순간이 있었습니다. 그때 제 오감이 열리는 응답을 경험했습니다. 모든 감각이 하나님께로 열리고, 시간이 멈춘 것 같은 느낌 속에서 세상이 새롭게 보이기 시작했습니다. 산천도 새로워졌고, 새소리는 찬양으로 들렸으며, 바람은 주님의 음성처럼 느껴졌습니다. 그 순간, 제 안에 뜨거운 믿음이 차올랐습니다. 하나님께서 나를 이끄시리라는 확신과 함께 목회를 시작하게 된 것은 바로 그 경험 덕분이었습니다.

목회 초창기에는 병원도 부족했고, 대부분이 가난했습니다. 전쟁의 상처로 인해 정신적, 육체적 고통을 겪는 이들이 많았습니다. 제가 할 수 있는 일은 그들을 위해 간절히 기도하는 것이었습니다. 귀신 들린 사람을 위해 기도했을 때, 그 집안이 예배에 나왔습니다. 욕창으로 고통받는 아이를 심방하여 기도하니 병이 나았고, 온 가족이 교회에 나오게 되었습니다. 제가 한 일은 기도뿐이었지만, 하나님께서는 그 기도를 통해 놀라운 일을 이루셨습니다.

그때 저는 이렇게 생각했습니다. '아, 이게 바로 부흥이구나' 조금 엉뚱할지 모르지만, '하나님, 이 동네 사람들이 다 죽지 않을 만큼의 병에 걸리게 해주세요. 제가 기도하면 낫게 해주시고, 그러면 모두 주님을 찾게 될 겁니다'라고 기도한 적도 있습니다. 그러나 그런 간절함 속에서 하나님은 항상 응답해 주셨습니다. 심방 가는 곳마다 응답이 있었고, 병든 자들이 나았으며, 절망에 빠진 이들이 주님을 만나게 되었습니다. 하나님께서 제 작은 기도에도 응답하셨고, 그 은혜로 교회는 부흥할 수 있었습니다.

또한, 힘든 고비를 넘길 때마다 하나님 앞에 엎드렸던 순간들이 기억납니다. 눈물로 기도하던 새벽, 마을에 울려 퍼지는 종소리와 함께 제 마음에 담대함과 평안이 찾아왔습니다. 그 시간은 단순한 습관이 아니라, 하나님의 손길을 깊이 경험하는 시간이었습니다. 하루를 시작하며 하나님 앞에 나아가는 그 시간은 제게 가장 소중한 순간이었고, 하나님께서는 늘 응답해 주셨습니다. 제 목회는 처음부터 끝까지 하나님의 은혜 속에서 이루어졌습니다. 기도는 목회의 중심이었고, 삶 그 자체였습니다. 하나님께 매달릴 때마다 제 두려움과 염려가 사라지고, 대신 주님의 평안과 인도하심이 차올랐습니다. 그렇게 하나님과 동행하는 기도의 삶 속에서 제 목회는 뿌리를 내리고 꽃을 피울 수 있었습니다.

대담자

한번 여쭤보고 싶은 부분이 목사님은 목회를 하시면서 어느 때 가장 기도를 많이 하셨나요? 특별히 많이 하셨던 시간이 있나요? 그러니까 간절하게 기도했었던 목회적 시기가 있으셨나요?

김성길 목사님

설교를 준비할 때는 더 간절하게 말씀을 달라고 기도하게 됩니다. 아무래도 그게 제일 중요한 일이니까요. 아무리 본문을 열심히 연구해도 시간은 부족하기 마련이고 그러다 보면 토요일은 어느새 눈앞에 성큼 다가와 있습니다. 그럴 때는 마음이 참 간절해집니다. 설교자로서 느끼는 책임감과 초조함 때문이겠지요. 하지만 그런 순간조차도 하나님께서 필요에 따라 주시는 과정이라고 생각합니다. 결국에는 하나님께서 모든 것을 주시고 이끌어가시니까요. 그저 저를 조금씩 더 성숙하게 하시려는 것입니다. 하나님은 약속을 어기시는 분이 아니시니까, 그 믿음 하나 붙잡고 가게 됩니다.

기도하지 못할 때

대담자

기도가 안 되는 성도에게 해 주시고 싶은 말이 있을까요?

김성길 목사님

기도가 잘 안되는 사람들에게는 성경을 읽거나 찬송을 부르는 것도 좋은 방법이겠지만, 기도만 놓고 이야기하자면, 같은 기도라도 주기도문을 반복하는 것이 큰 도움이 됩니다. 저 역시 기도가 막힐 때 주기도문을 붙잡았습니다. 어느 날은 말이 막혀 한 마디도 나오지 않던 날, 주기도문을 조용히 한 번, 두 번 되뇌다 보니 어느 순간 마음이 풀리더군요. 그렇게 열 번, 백 번, 아니 천 번이라도 계속 반복하다 보면 이상하게도 가슴이 뜨거워지며 하나님 앞에 간구하는 영이 살아납니다. 반복된 기도가 마치 굳은 땅을 갈아엎듯 제 마음을 열어 주고, 막혔던 말문이 트이는 것을 경험하게 됩니다. 회개도 마찬가지예요. 하나님께서 우리 마음을 열어 주셔야 진정한 회개가 일어납니다.

중생이 먼저냐 믿음이 먼저냐 하는 논의도 있지요. 이는 신학적으로 오랫동안 다뤄져 온 주제입니다. 요한복음 3장에서 예수님께서 니고데모에게 "사람이 거듭나지 아니하면 하나님의 나라를 볼 수 없느니라"라고 하신 말씀처럼, 저는 하나님께서 먼저 중생의 은혜를 베푸심으로써 우리 마음을 여시고 믿음을 갖게 하신다고 생각합니다. 제 개인적으로도 돌아보면, 믿음을 붙잡기 전의 순간들에는 저

스스로는 아무것도 할 수 없었지만, 어느 날 하나님께서 제 마음을 환하게 밝히시며 회개와 믿음을 주셨던 경험이 있습니다. 그 이후로 저는 모든 일이 하나님의 은혜와 주권 속에서 이루어진다는 것을 확신하게 되었습니다.

그리고 특별히 저는 우리 성도에게 기도를 강조하지는 않았습니다. 이상하게도 하나님께서 다 하시더라고요. 새벽기도에 나오지 않던 사람이 어느 날 나오기 시작해 심방을 가보면 꼭 문제가 있었습니다. 반대로 새벽기도에 열심히 나오던 사람이 어느 순간 안 보이면, 그건 심방감입니다. 성도는 단체가 아니라 각 개인입니다. 그래서 세심하게 관심을 두고 살펴야 합니다.

강대상에서 내려다보면 이름은 몰라도 저 사람이 우리 교회에 온 지 얼마나 됐고, 어떤 믿음의 수준에 있는지 대충 느껴집니다. 설교자들은 그걸 알아차립니다. 그래서 그에 맞춰 설교하고 예배드리지만, 개별적으로는 늘 마음을 두고 살펴야 합니다. 그런데도 저는 교인들에게 특별히 "이렇게 기도합시다"라거나 "금식을 합시다"라고 선포하지 않았습니다. 저는 늘 그렇게 말했지요. "6·25 때도 억울하게 굶었는데, 먹는 건 다 찾아 먹고 기도해라 금식은 하지 마라 진짜 기도만 해라."

제가 금식을 강조하지 않는 이유는 단순합니다. 신앙의 본질은 금식 그 자체에 있지 않기 때문입니다. 몸을 굶기는 것이 하나님께 더 나아가는 유일한 길은 아니니까요. 오히려 그 시간에 진정한 마음으로 기도하고 말씀을 붙잡는 것이 더 중요하다고 믿습니다. 억지로 금식에 매달리기보다는 먹을 것 먹고 힘을 내어 기도하는 것이 훨씬 건강하고 지속적인 믿음 생활을 이끌어 갑니다. 그래서 저는 성도들이 편안하게 믿음 생활을 하도록 도왔습니다.

나의 기도 철학

대담자

목사님께서 평소 갖고 계신 기도의 철학은 어떤 건가요?

김성길 목사님

기도는 우리 호흡이잖아요. 그 호흡을 오래 참으면 숨이 막히고 가슴이 답답하듯이, 기도도 마찬가지입니다. 호흡을 편안하게 하면 몸이 편안해지듯, 기도도 자연스럽게 이어지면 마음이 평안해집니다. 그래서 기도는 억지로 하는 게 아니라, 마치 숨 쉬듯이 자연스러워야 한다고 생각합니다. 특별히, 저는 간증이 너무 특별한 사람들은 오히려 문제가 많았던 사람들이라고 봅니다. 기도란 게 꼭 특별해야 할 이유는 없거든요. 특별한 기도가 없다는 건 그만큼 평안하게 산다는 의미일 수도 있습니다. 저는 우리 교인들이 그런 편안한 삶을 살았으면 좋겠어요. 기도는 생활이고, 생활이 기도여야 합니다.

요즘 교회에서는 제자훈련이나 다락방과 같은 다양한 프로그램을 많이 하고 있습니다. 교회란 한마디로 예수님께서 말씀하신 '만민이 기도하는 집'이에요. 그러니 기도가 생활이 되어야 하고, 생활이 곧 기도가 되어야 합니다. 특별히 급한 일도 없이 그저 조용히 기도하는 삶, 그게 제일 좋은 신앙의 모습이 아닐까요? 돈 이야기를 해도 마찬가지입니다. 예배당을 여섯 번이나 지으면서도 돈이 부족해서 어려웠던 일은 한 번도 없었어요. 성도에게 헌금하라고 강조한 적도 없습니다. 하나님이 응답하실 것이니까요. 하나님께 맡기면 결국 그렇게 되는 겁니다. 이 교회를 지을 때도 150억이 들었는데, 작정 헌금이 100퍼센트 채워져도 50억이 모자랐습니다. 그래도 결국 다 지었어요.

그다음에는 땅을 만 평까지 사야겠다는 생각이 들었습니다. '앞으로는 구멍가게도 주차장이 있어야 먹고 산다'라는 마음으로 꾸준히 조금씩 땅을 사 나갔지요. 결국 오천몇 평까지 샀을 때, 신도시 개발이 공포되면서 대부분 수용되었습니다. 5천3백 평 중에서 천9백 평이 교회 자리가 되었고, 그것만으로도 종교 부지로는 엄청난 규모였습니다. 기도는 늘 그 모든 과정에서 길을 열어 주었습니다.

교회도, 개인도 마찬가지입니다. 급하게 악을 쓰며 기도할 일은 단 한 번도 없었습니다. 호흡처럼, 편안하게 기도하고 맡기면 하나님께서 모든 것을 채워 주셨습니다.

대담자
어떻게 보면 목회자님의 기도 철학은 평소의 기도가 축복을 받을 수도 있는 통로이고 내가 하나님께 나아갈 수 있는 수단인 거네요.

김성길 목사님

하나님과의 교통입니다. 저는 의심도 많고 따지는 것도 좋아하고 예민하고 굉장히 세심합니다. '보고 믿는 자보다 나를 보지 않고 믿는 자가 더 복되도다라고 하셨는데 나는 덜 복돼도 좋으니까 보여주세요.'라고 기도했습니다. 그러니까 잘 보여주십니다. 또 하나님은 내 믿음이 어린 걸 아십니다. 그래서 저는 기도는 '현찰 박치기'다 라는 생각으로 합니다.

대담자

현찰 박치기요?

김성길 목사님

기도는 현찰과 같다고 생각했습니다. 현찰을 내면 물건을 바로 받을 수 있듯이, 기도도 마찬가지였습니다. 기도하면 바로 응답이 온다는 믿음으로 살아왔습니다. 하나님께 구하면 주실 것이고, 필요하면 채워 주실 것이라 믿었습니다.

그런데 요즘은 기도의 내용이 많이 달라졌습니다. 복을 달라, 건강하게 해달라, 사업이 잘되게 해달라, 좋은 대학에 가게 해달라. 이런 기도들을 기복신앙이라고 하더군요. 그런데 저는 기복신앙이라는 말에 의문을 품었습니다. 오래전에 이희승 국어대사전도 찾아봤습니다. 아시겠지만, 우리나라 국어사전 중에 단어가 가장 많고 방대한 그 사전입니다. 그런데 오래된 국어사전에는 '기복신앙'이라는 단어가 없었습니다. 생각해 보면, 하나님께 복을 구하는 게 꼭 나쁜 것만은 아니지 않겠습니까? 하나님께 우리의 필요를 구하고, 주시는 은혜를 누리는 것도 신앙의 한 부분이라고 생각했습니다. 중요한 것은 복 자체가 아니라, 그 복이 어디에서 오는지를 알고 하나님께 감사하는 마음이겠지요.

대담자

국어대사전에는 어떻게 표현되어 있나요?

김성길 목사님

기복은 있습니다. 신앙도 있습니다. 하지만 기복신앙은 없습니다. 기독교에서 성령이 임하시고 복을 받게 해달라고 기도하는 모습을 보면서 저는 그렇게 생각했습니다. 사탄의 편에 선 사람들이 '기복신앙'이라는 용어를 만들어내서 교회를 공격하는 것 같았습니다. 교역자들조차 그 단어를 사용하지만, 기복과 신앙은 애초에 따로 있는 개념입니다. 그런데 나중에 국어사전을 찾아보니, 연세 국어사전이나 다른 사전에도 '기복신앙'이라는 단어가 있더군요. 원래 없던 단어인데도 말입니다. 물론 시대에 따라 새로운 용어가 생기기도 하지만, 그렇다고 해서 그 본래의 뜻이 바뀌어서는 안 됩니다. 그런데 기복신앙이라는 말은 완전히 왜곡되어 사용되고 있습니다. 기복은 복을 받기를 구하는 것입니다. 사전적 의미로도 그렇습니다. 반면 신앙은 자기가 믿는 신을 의지하고 찾아가는 것이지요. 신앙은 좋은 말입니다. 기복도 좋은 말입니다. 그런데 이 두 좋은 단어를 합치면 더 좋은 말이 되어야 하는데, 왜곡해서 해석됩니다. '자기만 잘되기를 바라고 구하는 것'을 기복이라고 한다는데, 사실 그런 뜻은 없습니다.

복을 구하는 것이 왜 나쁜 일입니까? 목사들이 기복신앙을 거부하라고 하면서도, 교인들이 교회에 나와서 기도할 때 무엇을 기도하겠습니까? 병들게 해달라, 망하게 해달라, 그냥 될 대로 되게 해달라, 이렇게 기도하는 사람은 없습니다. 다 잘되기를 바라고, 복을 구하는 것이 당연합니다. 그런데도 기복신앙을 비판하는 사람들이 있습니다. 결국 세상 문화와 세상 물결에 교회가 침식당하고 있는 것입니다. 신앙의 본질을 잃어버리고 세상의 기준에 맞추어가고 있습니다. 복을 구하는 신앙은 잘못된 것이 아닙니다. 중요한 것은 그 복이 어디에서 오는지 알고, 하나님께 감사하며 살아가는 마음과 태도입니다. 그것이 진짜 신앙입니다.

대담자

맞습니다. 그러면서 사회적인 개념으로 교회를 이해하는 거고 교회가 세워 놓은 아름다운 전통을 파괴하는 거지요. 교회의 에너지와 그 전통성은 중요한 질서이고 또 중요한 힘이 있는 거지요.

김성길 목사님

그래서 저는 새벽 기도를 월, 화, 수, 목, 금, 토 엿새 동안 해야 한다고 생각했습니다. 부흥회에 가면 한 주간 설교할 내용을 네 세트 정도는 준비해 놓았습니다. 같은 교회를 여섯 번 이상 간 적도 있었으니까요. 수원에서도 그랬습니다. 같은 교회에 가서 똑같은 설교를 반복할 수는 없었습니다. 그래서 기도에 대해 설교를 준비하다 보면 이런 생각이 들었습니다.

예수님께서 요한복음 14장 14절에서 "내 이름으로 너희가 무엇이든지 구하는 대로 다 이루어 주리라"라고 말씀하셨습니다. 그리고 이사야서에는 하나님이 아버지로 표현되지만, 어머니처럼 표현된 부분도 있습니다. 그 말씀을 묵상하다 보면 하나님은 마치 두 유방을 가진 어머니처럼 우리를 돌보신다는 생각이 들었습니다. 유모는 아이를 버려도, 낳은 어머니는 결코 자식을 버리지 않는다고 하셨잖아요. "내 손바닥에 너희 이름을 새기고 기억하리라"라는 그 약속이 얼마나 위로가 되었는지 모릅니다.

그 말씀을 기도하면서 묵상하다가, 한 동요가 떠올랐습니다. 아이가 혼자 남아 잠드는 그 장면이 마치 우리의 모습처럼 느껴졌습니다. 바닷가의 자장 노래가 아이를 감싸듯, 하나님께서는 우리의 눈에 보이지 않아도 항상 곁에 계셔서 우리를 돌보신다는 깨달음이 들었습니다. 동요의 엄마가 굴 바구니를 채우지 못한 채 아이를 위해 달려오는 것처럼, 하나님도 우리의 필요를 먼저 아시고 우리를 위해 달려오시는 분임을 기도 속에서 깊이 느꼈습니다. '섬집아기'라는 동요 말입니다. 특히 1절 후반부 가사를 보면 이렇게 나옵니다. "아기는 혼자 남아 집을 보다가 바다가 불러주는 자장 노래에 팔 베고 스르르 잠이 듭니다." 2절 후반부에 나오는 가사도 의미가 깊었습니다. "갈매기 울음소리 맘이 설레어 다 못찬 굴바구니 머리에 이고 엄마는 모랫길을 달려옵니다." 이 장면을 묵상하면서 깊이 깨달았습니다.

하나님 아버지의 사랑은, 굴을 따러 갔던 엄마가 바닷가에서 갈매기 울음소리에 마음이 쓰이는 것과 같다는 것을요. 왜 그랬을까요? 굴 바구니를 채우기 위해 나섰지만, 엄마의 젖이 먼저 아기의 배고픔을 느끼기 때문입니다. 젖이 찡하고 돌아서 엄마의 발걸음이 급해졌을 것입니다. 아직 아기가 울지도 않았는데도, 엄마는 달려왔습니다. 아기는 곤히 잠들어 있어도 엄마는 자식을 바라보며 가슴을 졸였습니다. 그 모습이 하나님의 마음 아니겠습니까?

그렇게 하나님을 체험했습니다. 누군가가 설명해 준 것이 아니라, 기도하면서 깨달았습니다. 하나님은 우리의 필요를 먼저 아십니다. 그러니 하나님과 늘 가까이 지내면 안타깝거나 급하게 악을 쓰며 기도할 일이 별로 없었습니다. 저는 건축할 때도 장로님들에게 걱정하지 말라고 했습니다. 건축 헌금도 광고하지 않았습니다. 작정 헌금을 한 번 딱 하고 끝냈습니다. 그때는 교인들 하나하나를 상담했습니다. 어떤 분은 어렵다고 하셨습니다. 그럴 땐 말했습니다. "집사님은 헌금하지 마세요. 지금 이 상태에서 헌금하면 생활이 어려워져 시험에 들 수 있습니다." 그렇게 진심으로 상담하고 교인들을 배려했기 때문에, 교회 분위기는 정말 은혜로웠습니다. 90퍼센트의 교인들이 상담을 마치고 나가면서 울었습니다. 그래서 저는 기도를 너무 강조하는 것도 이상하다고 생각했습니다. 곰팡이 핀 마룻바닥에 코를 박고 징징거리며 우는 것만이 경건의 모습은 아니라고 믿었습니다. 주일날 말씀을 전하고 성도와 교제하면서 기쁨과 소망을 나누고, 한 주간 동안 기쁘게 살다가 감사의 마음으로 다시 교회에 나오는 것, 그것이 건강한 신앙이라고 생각했습니다.

"회개하라!"라며 막 조여서 성도를 벌레처럼 기어나가게 하고, 또 그렇게 돌아오게 만드는 것은 옳지 않다고 믿었습니다. 교인들이 항상 기뻐하고 범사에 감사해야 합니다. 잘 안되면요? 쉬지 않고 기도하면 된다고 생각했습니다. 쉬지 않고 기도하는 것은 차를 몰고 길을 걷는 순간에도 하나님과 교통하는 것이라고 믿었습니다. 그렇게 하나님과 가까이 지내면 필요한 것들은 하나님이 미리 아셨습니다. 그래서 목회도 기도도 저는 참 편하게 했습니다. 편하다는 말은 책임을 가볍게 여겼다는 것이 아니라, 모든 것을 하나님께 맡기며 염려하지 않았다는 의미입니다. 건축할 때도 하나님께 기도하고 맡기니 장로님들이나 성도가 이러쿵저러쿵해도 "우하면 우하고 좌하면 좌하라"고 하며 금방 끝냈습니다. 그 믿음 하나로 여기까지 왔습니다.

평생에 있어 깊이 구한 기도

대담자

다른 질문을 한번 해보겠습니다. 목사님 평생에 가장 깊이 구한 기도는 어떤 게 있을까요?

김성길 목사님

제일 쉬지 않고 구하는 건 지혜와 총명이었습니다. 지혜와 총명을 구한다는 것은 성령님이 나와 함께하시기를 바라는 것이었습니다. 그런데 성령님은 이미 늘 우리와 함께하시잖아요. 마치 거울이 늘 그 자리에 있지만 오래도록 닦지 않으면 먼지가 쌓여 흐릿해지는 것처럼, 우리의 마음도 성령님과의 관계에서 방치되면 세상의 때로 흐려질 수 있습니다. 그러나 거울을 닦으면 선명한 상이 드러나듯, 우리가 하나님 앞에 나아가 회개하고 자신을 정화할 때 성령님의 역사하심은 더욱 분명해집니다. 성령 충만은 결코 새로운 것을 채우는 것이 아니라, 우리 안에 이미 계신 성령님의 빛이 가려지지 않도록 우리 자신을 깨끗하게 하는 과정이라고 믿습니다. 저는 성령 충만이란 나 자신이 죽는 만큼 충만해진다고 믿습니다.

어떤 청년이 물었습니다. "목사님, 성령 충만이 무엇인가요?" 저는 그 청년에게 말했습니다. "성령 충만은 네가 죽는 거다." 네가 죽는다는 것은 나의 욕심과 자아가 내려놓아지는 것을 의미합니다. 네 생각과 계획, 네가 붙들고 있는 자랑과 교만이 하나씩 하나씩 사라질 때, 비로소 성령님이 너의 마음을 온전히 다스릴 수 있는 것입니다. 내가 살아날수록 성령님은 내 안에서 근심하시며 머물 곳을 잃게 되지만, 내가 낮아지고 죽어갈수록 성령님은 나를 통해 역사하시는 분이십니다. 내가 살아나고 높아지는 만큼 성령님은 근심하시고 한쪽 귀퉁이에서 머물고 계시는 것이지요. 하지만 성령님은 우리 속에 이미 계십니다. 구원을 받을 때, 중생할 때 성령님이 우리 안에 함께하셨으니까요. 구약 시대처럼 떠나지 않으십니다.

그런데도 왜 이렇게 갑갑하고 답답하고 앞이 깜깜하게 느껴질까요? 그것은 우리가 경건하게 살려고 노력하지 않기 때문입니다. 하나님 앞에서 솔직하고 깨끗하게 살려고 애써야 합니다. 그렇게 노력하면 하나님과의 관계가 더 맑아지지 않겠습니까? 어디를 가도 저는 성도에게나 다른 사람들에게 숨기는 것이 없었습니다. 교회 연합회에 나가면 장로님과 함께하는 경우가 많았는데, 어떤 목사님들이 물었습니다. "목사님, 장로님들과 함께 다니면 피곤하지 않으십니까?" 그때 저는 대답했습니다. "교회에서 장로님과 목회를 함께하는데 피곤하면 어떻게 합니까?" 장로님과 함께하는 것이 불편한 건, 어쩌면 가식이 있기 때문 아닐까요? 숨길 것이 없는 관계라면 피곤할 이유가 없다고 생각했습니다.

그래서 저는 항상 기뻐하고 범사에 감사하는 삶을 살려고 노력했습니다. 하나님 앞에서 정직하고 맑은 마음으로 살면, 성령님은 늘 우리와 함께 하시고 우리의 필요를 채워 주신다고 믿습니다.

김태숙 전도사님

제가 옆에서 목사님을 뵈면서 느낀 기도에 대해 말씀드려도 될까요? 저는 목사님이 정말 설교를 잘하신다고 생각합니다. 그중에서도 제가 아주 좋아하고 늘 기억에 남는 설교가 몇 개 있습니다. 목사님께서는 성도에게 늘 말씀해 주셨습니다. 그 말씀이 피상적으로 느껴지지 않았고, 제 삶에 어떻게 적용할까를 고민하게 했습니다. 그래서 저도 기도할 때 그 말씀을 떠올리며 기도했습니다. 그 기도 속에는 이런 마음이 담겨 있었습니다. "어떻게 하면 하나님이 기뻐하실까?"라는 질문이었습니다.

목사님의 설교는 단순한 교훈이 아니라, 제 삶에 변화를 불러오는 말씀이었습니다. 기도할 때마다 저는 그 말씀을 되새기며 하나님과의 관계를 더 깊이 생각하게 되었습니다. 하나님을 기쁘시게 하는 것이 무엇일까, 내 행동과 마음을 어떻게 다듬어야 할지 고민하게 되었고, 그것이 제 신앙의 방향을 잡아주었습니다.

김성길 목사님

저는 주기도문을 자주 강의했습니다. 주기도문을 보면 먼저 하나님 나라를 구하고 끝날 때도 '나라와 권세와 영광이 아버지께 영원히 있사옵나이다'라고 마무리하잖아요. 그 중간에 나오는 부분들은 결국 우리의 일상과 삶을 담고 있습니다. 영어 성경을 보면 더 명확하게 드러납니다. 주기도문은 결국 하나님 나라가 우리 삶 속에 임하시기를 구하는 기도입니다. 우리의 삶 속에서 하나님 나라가 실현된다는 것은 우리가 하나님 뜻대로 살아가는 것을 의미합니다. 하나님 나라가 임하는 것은 단순히 교회 안에서만 일어나는 일이 아닙니다. 가정에서 서로를 섬기고 사랑할 때, 직장에서 정직하고 성실하게 일할 때, 이웃에게 따뜻한 나눔을 실천할 때 하나님 나라는 우리 삶 속에 뿌리내립니다. 그렇게 하나님의 뜻이 우리의 행동과 관계 속에서 실현될 때, 우리는 하나님 나라의 작은 일꾼이 되는 것입니다. 주기도문은 우리에게 이런 삶을 살라고 가르치고 있습니다. 그렇게 구하고 살아가는 삶이 곧 기도하는 삶이고, 하나님 나라를 이루는 생활이 되는 것입니다.

개인적으로 저는 하나님 앞에 늘 간절하고 솔직하게 기도하려고 했습니다. 어릴 때는 참 생각이 부족해서였는지, 나 자신이 다른 친구들보다 착하지 못하다고 느꼈습니다. 고등학교 때까지 전교에서 항상 '짱'이었거든요. 사람도 패고 다녔으니 회개할 게 얼마나 많았 겠습니까? 그때는 얼음판에 무릎을 꿇고 기도하곤 했습니다. 무릎 이 얼음에 박혀 지금도 시릴 정도입니다. 그 시절에는 몰랐지만, 나중 에 보니 성경을 몰라서 그런 극단적인 기도를 드렸던 것이었습니다. 하지만 하나님 앞에서는 겸손히 엎드리는 그 시간이 참 중요했습니 다. 때로는 엎드리면 내가 서 있는 땅이 푹 꺼져서 지표면보다 더 낮 아졌으면 싶을 정도였습니다. 그 겸손함으로 하나님께 나아가 솔직 하게 마음을 물 쏟듯이 쏟아냈습니다. 기도는 길고 짧음을 떠나 진 실해야 합니다.

한 번은 교회에 아무도 없다고 생각하고 깊이 기도하던 때가 있 었습니다. 그때 누군가가 뒤에서 지켜보고 있었어요. 그분은 나중에 알게 되었는데 백상열 장로님의 사모님이었습니다. 사실 그분과는 한 번도 개인적으로 만난 적이 없었지만, 대부도 기도원에 자주 가셨 던 기도 대장 권사님의 소개로 수원에 시집오게 된 분이었습니다. 그 분은 제가 기도하는 모습을 보고 놀랐다고 하더군요. 젊을 때는 참 열심히 기도했습니다. 한때는 기도 벨트라는 것을 10개나 만들어 한 국 교회 목사님 10명에게 나라와 민족을 위해 기도하라고 선물한 권 사님이 저를 1호 수혜자로 선택하기도 했습니다. 그러니 그분들이 보 기에 저는 기도하는 사람처럼 보였던 모양입니다.

그 시절 저는 매일 교회에 가서 자정이 넘도록 기도했습니다. 하 지만 지금 돌아보면 그 시절은 조금 안타까웠던 때이기도 합니다. 기 도가 길어야만 좋다고 생각했던 겁니다. 목사가 되고 나서야 깨달았습니다. 기도는 단순하고 솔직하게 드리면 하나님께서 다 들으신다는 것을요. 한 번은 너무 힘들고 막막했던 시절, 제 마음에 어떤 말도 나오지 않아 그저 "하나님, 도와주세요"라고만 반복했던 적이 있었습니다. 그 기도는 단순했지만, 하나님은 그 작은 기도를 들어주시고 길을 열어주셨습니다. 그때 깨달았습니다. 기도는 말의 화려함이 아니라 진실한 마음이 중요하다는 것을요. 마음을 담아 한 마디라도 진실하게 하나님께 나아가면, 그분은 언제나 우리의 기도를 들으십니다.

그래서 저는 특별히 기도 운동을 일으키거나 강조하지 않았습니다. 다른 교회처럼 특별한 프로그램을 하지 않았습니다. 사람들이 보기에는 '기도도 길게 안 하고 특별히 뛰어난 학식이나 외모도 없고, 빽도 없는 사람'으로 보였을지도 모릅니다. 하지만 제 목회 철학은 그랬습니다. 하나님 앞에 겸손하게 나아가고, 진실하게 기도하며 살아가는 것. 그렇게 하면 하나님께서 다 응답하신다고 믿었습니다. 우리 교회는 수원 기독교 연합회에서도 꽤 특별한 교회였습니다. 그 시절 수원 남문교회는 사대문 안에 있던 유일한 장로교회였거든요. 그때 남문교회에 대해 소문이 돌기도 했습니다. "김 목사가 있는 남문교회는 들어가는 문은 있어도 나오는 문은 없다"라고요. 그만큼 교인들이 한 번 오면 나가지 않았습니다.

초창기 우리 교회는 감리교, 침례교, 기장 교단 출신의 교인들도 많이 왔습니다. 다양한 교단에서 온 성도는 각자의 신앙적 배경과 경험을 바탕으로 서로 배우고 성장하는 기회가 되었습니다. 감리교의 뜨거운 열정, 침례교의 철저한 성경 중심 신앙, 기장 교단의 넓은 시각이 어우러지면서 교회는 더 성숙하고 건강한 공동체로 발전했습니다. 서로 다른 색깔이 모여 조화를 이루다 보니 교회의 분위기도 더욱 깊고 풍성해졌습니다. 이러한 다양성 속에서 성도는 서로를 존중하며 신앙적으로도 더 단단해질 수 있었고, 그 덕분에 우리 교회는 더 튼튼한 기반을 다질 수 있었습니다. 중고등학교 교목이던 분들이나 교회가 없던 신학생들도 우리 교회에서 함께 예배드렸습니다. 심지어는 성결교회에서 부흥회를 다니다 보니 그 교단에서도 많은 분이 찾아왔습니다.

저는 늘 교회가 부흥하려면 성숙한 성도가 모여야 한다고 생각했습니다. 성숙한 성도란 단순히 교회에 오래 다닌 사람이 아니라, 삶 속에서 하나님의 말씀을 실천하고 믿음을 행동으로 드러내는 사람들입니다. 그들은 기도할 줄 알고, 하나님을 의지하며 서로를 섬길 줄 아는 사람들이지요. 교회에서 맡은 사명을 감당하고, 겸손한 태도로 예배와 봉사에 헌신하는 이들이 교회의 뿌리를 깊게 내리게 합니다. 이런 성도가 많아질 때 교회는 겉모습의 성장만이 아니라 내적으로도 튼튼하게 자리 잡게 되는 것입니다. 신앙생활이 익숙하고 성경을 아는 사람들이 모여야 교회가 튼튼해집니다. 어떤 목사님은 자랑처럼 말하더군요. "우리 교회는 수평 이동이 전혀 없습니다. 다 불신자 전도만 합니다." 그 말은 좋게 들릴지 모르지만, 저는 조금 다른 생각이었습니다. 어느 정도 배울 것이 있고 은혜가 충만한 교회라면, 성숙한 성도가 그 말씀을 듣고 놀라야 합니다. '아, 저런 해석도 있구나. 저런 깊은 말씀이 있구나.' 그렇게 깨닫고 은혜를 받아야 교회가 건강하게 성장한다고 믿었습니다.

우리 교회는 신학생들이 설교를 배우러 많이 왔습니다. 저 역시 그들에게 전도사 직책이 아니더라도 얼마씩 사례비를 줬습니다. 학비를 보태 쓰라고요. 그만큼 우리 교회는 처음부터 헌신하고 봉사할 사람들이 많았고, 그것이 우리 교회의 힘이었습니다.

하나님이 목사님을 사랑하는 이유

대담자

이런 질문을 한번 해볼게요. 하나님이 목사님을 사랑하는 이유는 무엇인 것 같으세요?

김성길 목사님

그건 하나님 마음인 것 같았습니다. 왜냐하면 야곱이 무슨 선한 일을 했다고 하나님이 사랑하셨겠습니까? 야곱은 뱃속에 있을 때부터 택함을 받았고, 에서는 그렇지 않았습니다. 로마서 9장에서도 "태어나기도 전에, 무슨 선이나 악을 행하기 전에 하나님께서 야곱을 사랑하시고 에서를 미워하셨다"라고 기록되어 있습니다. 그것은 하나님의 절대 주권과 은혜입니다. 마찬가지로 아브라함 역시 특별히 무엇을 잘해서 부름을 받은 것이 아니었습니다. 그는 믿음의 조상이 되었지만, 처음에는 두려움에 아내를 누이라고 속이기도 했습니다.

이처럼 하나님은 인간의 공로가 아니라, 그분의 주권적 사랑으로 우리를 택하시고 은혜를 베푸십니다. 우리가 할 수 있는 일은 그저 그 사랑 앞에서 겸손하게 엎드리는 것입니다. 하나님 마음은 우리의 계산과 판단을 초월합니다. 그래서 우리는 그분 앞에서 있는 그대로의 모습으로 솔직하게 나아가야 합니다. 뱃속에 있을 때부터 야곱을 택하시고, 에서는 미워하셨잖아요. 에서가 무슨 큰 잘못을 했다고 그랬겠습니까? 아브라함 역시 마찬가지였습니다. 아브라함이 무엇을 잘해서 하나님께서 불러내셨을까요? 하나님께서는 그저 절대 주권을 가지시고 마음대로 하시는 것입니다. 그건 우리가 왈가왈부할 수 있는 일이 아닙니다. 하지만 저는 하나님 앞에서 우리가 가져야 할 태도는 분명하다고 생각했습니다. 하나님께서는 솔직한 것을 좋아하시는 것 같았습니다. 교역자, 목사가 되고 오래 사역하다 보면 저도 바리새인처럼, 서기관처럼 겉치레에 치우치지는 않을까 늘 걱정했습니다. 그래서 항상 담백하고 솔직해지려고 노력했습니다.

탕자의 비유를 봐도 그렇습니다. 탕자는 참 솔직했습니다. 그는 자신의 욕망과 실패를 숨기지 않았습니다. 처음에는 유산을 달라며 당당히 요구했고, 나중에는 방탕한 생활 끝에 모든 것을 잃고 나서도 솔직하게 아버지께 돌아갔습니다. 하지만 맏아들은 달랐습니다. 겉으로는 순종하는 아들처럼 보였지만, 그의 마음속에는 불만과 억울함이 가득했습니다. 동생의 귀환에 불평을 터뜨리면서 드러난 그의 마음은 그동안 아버지에 대한 진정한 사랑과 신뢰가 부족했다는 것을 보여줍니다. 그런 맏아들의 모습은 때로 우리의 신앙을 돌아보게 합니다. 겉으로는 신앙생활을 열심히 하는 것처럼 보이지만, 속으로는 비교하고 불만을 품고 있지는 않은지 돌아봐야 합니다. 하나님께서는 우리의 겉모습이 아니라 마음을 보시는 분이시기 때문입니다. 솔직하게 자신의 부족함을 인정하고 아버지께 나아간 탕자의 모습이야말로 하나님이 기뻐하시는 태도가 아닐까요? 아버지에게 유산을 달라고 당당히 요구했고, 집을 나가서 방탕하게 살다 모든 것을 잃고 나서야 자기가 잘못했고 아버지께 죄지었음을 깨달았습니다. 돌아와서도 솔직하게 자신을 드러냈잖아요.

하지만 맏아들은 달랐습니다. 그는 아버지에게 마음을 열지 않았습니다. 양 한 마리라도 잡아달라고 솔직하게 말했으면 될 것을, 끝까지 속마음을 숨기고 있다가 동생이 돌아왔을 때 뒤늦게 불평을 늘어놓았습니다. 그런 모습이 얼마나 답답합니까? 교회에서도 그런 모습을 종종 보게 됩니다. 목회자로서 대접이나 검소함에 관한 이야기를 들을 때마다 깊이 생각하게 됩니다. 한 번은 부흥회에 초청되었을 때, 우리 교회 장로님들이 저에게 선물로 차를 주었던 이야기가 전해지자, 어떤 목사님이 이렇게 말씀하시더군요. "목사는 검소해야 합니다. 작은 차를 타야지요." 그런데 그분은 초청하면서는 꼭 좋은 차를 타고 오라고 요청하셨습니다. 그 경험은 제게 겉으로 드러나는 검소함이 진정한 검소함이 아니라는 것을 다시금 깨닫게 했습니다.

저는 설교에서도 늘 솔직함을 중요하게 여겼습니다. 좋은 것은 좋다고, 나쁜 것은 나쁘다고 말했습니다. 음식도, 옷도, 삶의 방식도 솔직하게 이야기했습니다. 하나님은 좋은 것을 주시는 분이시기에, 저는 기도할 때도 그분께서 주시는 좋은 것을 구합니다. 우리 교회 교인들도 이런 제 솔직한 태도에 익숙해져서, 어떤 차를 타든 어떤 옷을 입든 부끄러워하지 않습니다. 다른 교회에서는 목회자가 비싼 차를 타면 교인들이 불편해할까 봐 그것을 피한다고도 들었습니다. 그러나 저는 이런 가식적인 태도가 오히려 더 어색하다고 생각합니다.

검소함이란 단순히 외형적인 선택으로 보여주는 것이 아니라, 그 마음과 태도에서 비롯된다고 믿습니다. 무엇을 타든, 무엇을 입든 그것이 나를 과시하기 위한 것이 아니라 하나님께 영광을 돌리기 위한 것이라면 충분합니다. 중요한 것은 하나님이 우리의 중심을 보신다는 사실입니다. 겉으로는 검소한 척하면서 속으로는 다른 마음을 품는 것이야말로 진정 검소하지 않은 태도가 아닐까요? 저는 하나님과 사람 앞에서 진솔하게 살아가는 것이 진정한 검소함이라고 생각합니다.

미국에서 어떤 개척교회의 목사님이 고급 차를 타고 다닌다는 이야기를 들은 적이 있습니다. 사람들은 말이 많았지만, 그 차는 교회에서 제공한 것이 아니라 목사님 개인의 소유였습니다. 선배 목사님께서 이렇게 말씀하셨습니다. "교인 중에서도 고급 차를 타는 분들이 교회에 올 수 있어야 하지 않겠습니까? 목사가 너무 초라한 모습을 보이면, 오히려 교인들이 마음 편히 교회에 나오지 못할 수도 있습니다." 그 말씀을 들으며, 목회자의 삶은 겉모습으로 판단되어서는 안 된다는 점을 다시금 깨달았습니다. 하나님께서 주신 모든 것은 그분의 뜻에 따라 감사히 사용될 때 의미가 있습니다. 물질이든 재능이든, 그것을 겸손히 인정하고 교회와 이웃을 섬기는 것이 중요합니다. 비싼 차를 타든, 소박한 차를 타든 중요한 것은 그것을 대하는 우리의 태도와 마음입니다. 하나님의 영광을 위해 쓰이고, 타인에게 위로와 은혜가 되는 삶이야말로 진정한 목회자의 모습이라고 믿습니다. 그래서 저는 늘 제가 가진 그대로 하나님께 나아갔고, 솔직한 삶과 기도로 하나님께 응답받아 왔습니다. 이 솔직함이야말로 제 목회 철학의 중심입니다.

아, 이런 일도 있었습니다. 몇만 원 차이야 어쩌겠느냐며 장로님들이 좋은 차를 사주겠다고 했을 때, 저는 처음부터 반대했습니다. "사지 말라"라고 단호하게 말했습니다. 그런데 재정 부장이 당회에서 이미 결의했다고 했습니다. 저는 다시 말했습니다. "그래도 계약만 해놓고 6개월이고 1년이고 딜레이시키세요. 나 못 타겠어요." 그런데도 장로님들은 이미 현찰로 다 지불했다고 했습니다. 결국 차는 몰고 오지도 않고 실려 왔습니다. 그러고 은퇴를 앞두고 비전센터를 건축하게 되었습니다. 그때는 정말 가시방석보다 더 힘들었습니다. 누가 뭐라고 해서가 아니라 제 마음이 불편했습니다. 그래서 결국 두 대의 차를 팔았습니다. 그런데 그 차를 사준 장로님들이 섭섭해하셨습니다. "목사님, 우리 교인들은 목사님이 좋은 차 타고 다니시는 걸 보며 기뻐하는데 왜 그러세요?"라고 하셨습니다. 하지만 저는 이렇게 말했습니다. "제가 목사인데 제 마음이 불편하면 설교가 담대하게 나오겠습니까? 제 마음이 편치 않은데 강대상에서 하나님 말씀을 전할 수 없지요"라고 저는 말하고 결국 차를 팔았습니다. 외제 차 팔고 국산 차 하나를 샀는데 남는 게 거의 없었습니다. 그래도 돈이 문제가 아니었습니다. 목사인 제 마음이 불편한 게 더 큰 문제였으니까요.

우리 교인들은 저에게 늘 최고를 해주려고 했습니다. 땅도 한 2천 평 사서 물둠벙도 만들고, 작은 연못도 만들어서 목사님이 심심하면 낚시라도 하시라고 했습니다. 그런데 저는 은퇴하면 더 이상의 집은 필요 없다고 했습니다. 제가 살 집이 있었으니까요. 송 장로님이 집을 하나 사주셨는데, 나중에 그 집을 넘기고 나니 또 다른 일이 생겼습니다. 피터 정의 외삼촌이 제게 광교에 400평 대지 위에 집을 하나 지어주겠다고 하셨습니다. 조건이 있었습니다. 집을 제 아내 이름으로 짓고, 그분이 돌아가실 때까지는 헌금하지 않겠다는 약속이었습니다. 결국 그 조건을 지키며 집을 받았습니다. 나중에 중계 광교 신도시가 개발될 때 수용이 되었고, 그중 3분의 1은 교회에 헌금했습니다.

이상선 장로님도 처음에는 아파트를 한 채 사주셨습니다. 그런데 그 집을 장로님의 아들이 어려워지자 저는 십 원도 받지 않고 돌려주었습니다. "이건 아버지가 제게 주신 것이니, 사업에 쓰세요"라고 했습니다. 아직도 제 마음은 시원합니다. 그런 일들은 결국 하나님께서 다 보시고 기억하신다고 믿었습니다. 천국에서나 받을 일이겠지요. 지금 제가 사는 집도 교회가 사준 것이 아닙니다. 그동안 개인적으로 몇 번이나 집을 사주신 장로님들이 계셨습니다.

대담자

목사님의 이야기엔 일반론이 있고 특별론이 있는데 이 경계를 잘 넘어서면 결국 정말 특별한 이야기가 되는 것 같습니다.

김성길 목사님

그래서 저는 이렇게 생각합니다. 이건 꼭 써주셨으면 좋겠습니다. 우리 구원받은 사람은 다 특별한 사람이어야 합니다. 특별히 목사들은 더 그렇습니다. 찬송가를 부르다 보면 이런 가사가 있지 않습니까? "특별한 은혜 받은 나 몸으로 재물 삼겠네." 이 가사는 부를 때마다 제 가슴을 울립니다. 아직도 저는 그 가사를 부를 때 눈물이 납니다. 왜냐하면 저는 목사 중에서도 특별한 은혜를 받았다고 믿기 때문입니다.

제가 바라는 것은 모든 목사님이 자신을 돌아보고 "나는 특별한 사랑과 특별한 은혜를 받은 사람입니다"라고 고백하는 간증자가 되는 것입니다. 보편적인 신앙의 수준을 넘어서는 목회자가 되어야 한다고 생각합니다. 단순히 주어진 직분에 만족하는 것이 아니라, 특별한 은혜를 경험한 사람으로서 그 은혜를 나누고 선포하는 삶을 살아야 합니다. 때로 저는 이런 생각을 합니다. 천칭 저울이 있지 않습니까? 법원 앞에 세워져 있는 저울처럼요. 만약 그 저울에 온 세상 모든 사람을 사랑하는 하나님의 사랑을 한쪽에 올려놓고, 나 하나만을 사랑하는 하나님의 사랑을 다른 쪽에 내려놓는다면, 저의 사랑이 무거워 제 쪽으로 저울이 기울어질 것 같습니다. 그건 제가 늘 느끼면서 살아온 고백입니다.

그래서 저는 하나님께서 주시는 특별한 은혜가 모든 목사님과 성도에게도 임하길 바랍니다. 그것이야말로 진정한 구원의 증거이고, 세상에 보여줘야 할 우리의 삶의 모습이기 때문입니다.

영성이 정체된 것처럼 느껴질 때

대담자

성도가 신앙생활을 할 때 영성이 자라나지 않을 때가 있잖아요. 그럴 때는 어떻게 하는 것이 좋을까요?

김성길 목사님

목사 입장에서는 목사의 영성이 살아나면 교인의 영성은 자동으로 살아나요.

대담자

멋진 말씀이네요. 목사님. 오늘 한국교회에 필요한 이야기일 수도 있겠네요.

김성길 목사님

젊은 목회자들에게 꼭 해주고 싶은 이야기입니다. 누구나 할 수 있는 말이지만 반드시 들어야 할 말이기도 합니다. 어떤 이들은 이렇게 말합니다. "젊은 크리스천들이 목사 말만 듣고 신앙생활을 하면 목사 이상의 신앙으로 성숙할 수 없다." 김형석 교수도 그렇게 말했더군요. 하지만 저는 그 생각에 반대합니다. 목사만큼만 되어도 충분합니다. 왜냐하면 교회의 사자에게 주신 말씀을 듣는 것이 신앙생활의 핵심이기 때문입니다. 교회의 사자는 하나님께서 세우신 사람입니다. 그를 통해 전해지는 말씀은 단순한 사람의 말이 아닙니다. 하나님께서 그를 통해 성도에게 주시는 뜻입니다.

성도는 그 말씀을 믿음으로 듣고 따르기만 하면 됩니다. 목사만큼만 신앙생활을 해도 됩니다. 목사는 완벽하지 않을지 모르지만, 하나님이 그를 통해 일하십니다. 중요한 것은 그 말씀을 듣고 어떻게 받아들이느냐입니다. 성령께서 역사하시는 순간, 목사를 통해 전해지는 말씀은 곧 하나님이 주시는 음성이 됩니다. 그러니 목회자의 말을 단순히 사람의 말로 여기지 말고, 하나님께서 주신 말씀으로 받는 자세가 필요합니다. 그렇게만 하면 신앙은 전혀 부족하지 않습니다. 그 말씀을 잘 듣고, 삶 속에서 그대로 실천하는 것, 그것이 진정한 신앙의 성숙입니다.

하나님께서는 에베소 교회를 보실 때, 그 에베소라는 도시의 문화, 경제, 그리고 지적 수준까지 다 헤아리시며 말씀을 주셨습니다. 에베소는 당시 풍요롭고 지적인 중심지였으니까요. 그런데 데살로니가 교회는 좀 다릅니다. 제가 비신사적이라고까지 표현하진 않지만, 성경을 보면 데살로니가 사람들은 다른 지역 사람들에 비해 다소 거칠고 수준이 달랐다는 것을 알 수 있습니다. 빌립보서에서도 언급된 바 있지요. 그래서 그런 교회에는 그들 수준에 맞는 방식으로 접근해야 한다고 생각합니다.

예를 들어, 농어촌 교회에 가서 아리스토텔레스니 본회퍼니 하는 이야기를 한다면 어떻겠습니까? 교인들이 이해하기 어려운 내용을 계속 이야기하면 결국 지루해져서 졸게 될 겁니다. 설교라는 것은 결국 교인들의 영혼을 살피고 그에 맞춰야 하는 일입니다. 교회의 수준과 교인들의 필요를 헤아리지 못하면 그들의 영혼을 깨우거나 위로할 수가 없습니다.

설교자는 교인들의 삶과 생각을 부지런히 살펴야 합니다. 그렇지 않으면 그저 공허한 말로 끝날 뿐입니다. 교회마다 처한 환경과 배경이 다 다르기 때문에, 그 교회에 맞는 말씀과 방식으로 다가가야 한다고 믿습니다. 하나님께서도 각 교회의 상황에 맞게 그들의 필요를 채우셨듯이 말입니다.

대담자

결국 성도의 영성이 자라나지 않는 때는 목사의 영성을 돌아봐야 하는 거군요.

김성길 목사님

네. 목사 자신의 책임입니다.

목사의 영성이 자라나지 않을 때

대담자

그렇군요. 뼈가 있는 말입니다. 누가 이렇게까지 말해주겠어요. 얘기를 들으면서 동질감도 느끼고 동경심도 듭니다. 그러면 목사님 하나 더 여쭤보겠습니다. 그러면 목사의 영성은 왜 자라나지 않은 거지요?

김성길 목사님

경건 생활을 게을리하면 영적으로 흔들리기 쉽습니다. 하지만 저는 스스로 영성이 뛰어나다고 생각하지 않았습니다. 물론 예수님께서 말씀하셨듯이, "어린아이와 같이 되어야 한다"라는 말씀이 있지만, 동시에 성경은 "완전하라"라고도 가르치셨습니다. 여기서 '완전'이라는 단어는 헬라어로 '성숙하다'라는 뜻이라고 알고 있었습니다. 그래서 저는 성숙한 신앙인이 되기 위해 무엇을 해야 할지 항상 고민했습니다. 성경을 부지런히 읽는 것은 기본이라고 생각했습니다. 성경은 우리 영혼의 양식이기 때문입니다. 마치 배고픈 사람이 빵을 먹고 힘을 얻듯이, 성경 말씀은 우리의 내면을 채우고 강건하게 해준다고 느꼈습니다. 그리고 저는 경건 서적도 많이 읽어야 한다고 느꼈습니다. 사실 경건 서적을 고를 때는 출판사를 많이 따졌습니다. 어떤 출판사에서 나온 책은 내용을 보면 인간의 도덕성만 강조하거나, 성경의 초자연적인 요소를 배제하는 식으로 자유주의적이거나 인본주의적인 관점이 강한 경우가 있었습니다. 그래서 저는 책을 선택할 때 신중히 해야 한다고 생각했습니다. 단순히 제목이나 표지만 보고 결정하기보다는, 믿을 만한 선배나 동료들에게 추천을 받는 것이 더 좋다고 여겼습니다. 그렇게 하면 조금 더 신뢰할 수 있는 책을 읽을 수 있다고 믿었습니다.

물론 경건 서적을 읽는 것도 중요하지만, 그보다 더 중요한 것은 성경 말씀을 삶에 적용하려는 노력이었습니다. 말씀을 읽고 묵상하는 데서 그치지 않고, 실제 삶에서 그 가르침을 실천해 나가는 것이야말로 성숙한 신앙인의 자세라고 생각했습니다. 저는 이런 부분에서 부족함을 느낄 때가 많았지만, 계속해서 성장하려고 노력했습니다. 결국, 신앙생활은 꾸준함이 중요하다고 느꼈습니다. 게으름을 멀리하고, 경건을 향한 마음을 잃지 않는 것이 성숙한 신앙을 이루는 길이라고 믿었습니다. 우리가 넘어질 때도 다시 일어설 수 있는 용기를 주시는 분이 주님이심을 기억하며, 매 순간 주님의 은혜 안에서 한 걸음씩 나아가기를 소망했습니다. 무엇보다도, 꾸준히 말씀을 붙들고 살아가는 것이야말로 신앙의 본질이라고 생각했습니다.

대담자

이 책을 많은 목회자들과 성도들이 읽을 수 있도록 기도 하겠습니다. 목사가 딴청을 피우고 경건 생활을 안 해서 영성이 자라나지 않는 거군요.

김성길 목사님

군인이 전쟁을 해야하는데 딴 곳에서 전선을 펴서는 절대로 이길 수 없습니다. 목회는 영적 전쟁터와 같습니다. 목사가 여기저기 마음을 분산시키는 것은, 정작 말씀 연구와 기도에 집중하지 못한 상태가 되고, 그러면 전쟁에서 패할 수 밖에 없지 않겠어요. 영성은 말씀을 붙들고 기도하면 죽을 수 없는 것인데, 그렇지 못할 때 영적인 삶이 흔들린다고 느꼈습니다. 꿈꿀 때도 "내가 성령 안에서 선한 꿈을 꾸고 있는가, 아니면 세상의 더럽고 음탕한 것들에 사로잡혀 있는가?"를 스스로 돌아보아야 한다고 생각했습니다. 저는 꿈에서도 찬송가의 가사처럼 "꿈에도 소원은 늘 찬송하며" 주님께 나아가기를 원한다고 느꼈습니다. 주님께 마음이 열려 있다면 하나님은 언제나 우리와 함께하신다고 확신했습니다.

지난 주일에도 설교에서 이사야서의 말씀을 전했습니다. "여호와를 만날 만한 때에 그를 찾으라 가까이 계실 때에 그를 부르라." 하나님은 항상 우리와 함께 계시지만, 우리는 그분을 만날 만한 때를 놓치기도 하고, 응답받을 기회를 지나치기도 한다고 말했습니다. TV에서 성경을 가르칠 때도 같은 내용을 전했습니다. 방 안의 공간이 비어 있는 것처럼 보여도, 그곳에 햇빛이 비춰면 형상, 냄새, 소리 등이 가득차 있음을 볼 수 있듯이, 하나님의 임재도 언제나 우리 곁에 있다고 강조했습니다. 채널과 주파수를 맞추지 않으면 아무것도 보거나 들을 수 없는 것처럼, 영적으로도 우리는 하나님께 마음의 주파수를 맞추어야 한다고 말했습니다.

하나님은 언제나 함께 계시지만, 우리가 딴청을 피우면 하나님의 존재가 느껴지지 않을 수 있습니다. 목회자가 말씀과 기도에 집중하지 않으면, 그 설교는 듣는 이들의 마음에 닿지 않는다는 것을 알았습니다. "내 가슴에서 출발하지 않은 말은 상대방의 가슴에도 닿을 수 없다"라는 깨달음을 늘 되새겼습니다. 어떤 목회자는 소수의 성도와 함께 예배를 드리는 것으로 목회를 마치기도 하고, 심지어 가족 예배도 드리지 못하는 경우도 있었습니다. 물론 은사와 사명은 모두 다르지만, 하나님께 초점을 맞추고 말씀에 깨어 있는 목회자라면 교회의 부흥이 멈출 수 없다고 믿었습니다.

저는 설교에서 이렇게 말했습니다. "소낙비가 내리는데 비 한 방울도 맞지 않고 지나가는 사람은 없습니다 마찬가지로, 하나님의 은혜와 축복이 이처럼 넘치는데도 그 은혜를 받지 못하는 것은 오히려 기적 같은 일입니다 성도가 은혜를 누리지 못한다면, 그것은 하나님보다 자신이 더 똑똑하다고 여기는 태도 때문일 것입니다."

저는 목회자와 성도가 모두 하나님께 마음을 열고, 말씀에 깨어 있으며, 기도에 전념할 때 하나님의 축복이 넘칠 것이라고 믿었습니다. 하나님은 항상 우리를 기다리고 계시며, 그분의 은혜를 가득히 부어주실 준비가 되어 있다고 확신했습니다.

하나님과 멀어진 것처럼 느껴질 때

대담자

또 하나 여쭤보고 싶은 게 있습니다. 그럼 성도가 하나님과의 관계가 힘들 때 어떻게 하면 좋을까요?

김성길 목사님

그걸 하나님이 하십니다. 목사가 정신을 차리고 목회를 제대로 하고 말씀을 있는 그대로 전하면, 성도는 그 말씀을 통해 자신의 삶을 돌아보고 변화하게 됩니다. 그 말씀은 마치 굶주린 자에게 양식을 주는 것과 같아서, 그들의 영혼을 채우고 점차 성숙한 신앙으로 이끌어 간다고 믿습니다. 목회자가 성도 하나하나를 직접 양육한다고 생각하면 오산입니다. 하나님께서 한 영혼을 천하보다 귀하게 여기시고, 목회자보다 더 깊이 사랑하시기 때문입니다. 하나님께서는 사건을 통해서든, 환경을 통해서든, 건강이나 자식을 통해서든, 남편이나 아내를 통해서든, 아니면 꿈과 같은 영적인 방법을 통해서든 각 사람을 깨우십니다. 음성을 듣게 하거나 환상을 보게 하시는 것도 모두 하나님께서 하시는 일입니다. 결국 목회자가 말씀을 바로 전하면, 하나님께서 성도의 영혼을 친히 다스리고 깨우신다고 확신합니다.

예를 들어, 오래전 제가 개척한 교회에 안○○이라는 자매가 있었습니다. 지금은 권사로 섬기고 계시지만, 약 40년 전 개척 초기에는 교회에 나오지 않는 일이 있었습니다. 당시 성도가 많지 않았기 때문에 한 명의 결석도 매우 신경이 쓰였지요. 그래서 이유를 알아보니 여전도사님께서 "요즘 동네 아줌마들과 용하다는 점집에 다닌다"라고 하시더군요. 저는 기도하자고 제안했고, 함께 기도드렸습니다. 한 석 달쯤 지나 그 자매가 다시 교회에 나왔습니다. 당시 감사헌금도 적지 않게 드리고 교회에 돌아왔습니다.

제가 여전도사님께 "어떻게 다시 오셨냐?"라고 물었더니, 점집에서 복채를 드리니 점쟁이가 이렇게 말했다고 합니다. "너는 믿는 교회가 있는데 왜 여기에 왔느냐? 봉투 들고 돌아가라." 점쟁이의 말 한마디에 충격을 받은 안 자매는 교회로 돌아오게 되었고, 그 후 권사직분을 받았고, 지금까지 잘 섬기고 계십니다. 저는 이 경험을 통해 하나님께서 정말 모든 일을 이루신다는 것을 다시금 깨달았습니다. 설교 중에 이런 이야기를 나누며, "우리도 천막을 치고 점쟁이들을 초대해 성도에게 '믿는 교회로 돌아가라'고 하면 어떨까요?"라고 농담처럼 이야기한 적도 있습니다. 그러나 이것은 하나님께서 얼마나 다양한 방법으로 당신의 일을 이루시는지를 보여주는 한 예일 뿐입니다.

또 한 번은 수원제일교회의 한 장로님과의 대화가 기억납니다. 장로님의 아들이 하나님께 매일 음성을 듣고 계시를 받는다고 하셨습니다. 저는 그 이야기를 듣고 장로님 부인 권사님께 "한 번 정신과 검사를 받아보는 게 좋겠습니다"라고 말씀드렸습니다. 결국 그분은 정신병원에 입원하게 되었고, 안타깝게도 거기서 생을 마감했습니다. 그러나 이 사건을 통해 저는 하나님께서 한 영혼도 외면하지 않으시며, 끝까지 돌보신다는 사실을 확신하게 되었습니다. 사람이 오해하거나 섭섭해질 때는 목회자가 가도, 심지어 천사가 말해도 듣지 않는 경우가 많습니다. 그러나 목회자가 깨어 기도하고 하나님이 말씀하시는 그대로 전하면, 성도는 결국 배운 대로 따라오게 됩니다. 교인들을 올바로 돌보고 하나님의 말씀을 제대로 전하면, 성도는 다른 곳으로 가지 않습니다. 하나님께서 친히 그들을 붙드시기 때문입니다.

한글을 모르는 할머니들도 중요한 복음은 다 알고 계시더군요. 하지만 성경을 모두 알고 있다고 해서 천국에 갈 수 있는 것은 아니며, 실천하는 것 또한 별개의 문제라는 것을 느꼈습니다. 그래서 저는 오늘도 말씀과 기도에 전념하며, 하나님께서 이끄실 것을 믿고 목회에 임하고 있습니다.

열등감에 사로잡힌 순간, 무엇을 할 수 있을까?

대담자

그럼 목사님 좀 다른 질문을 해보겠습니다. 그러면 성도님들이 사회생활이나 교인들과의 관계 속에서 열등감에 사로잡힐 때 목사는 어떻게 하는 게 좋을까요?

김성길 목사님

제가 고아로 자랐다는 것은 제 삶에서 자연스럽게 이야기할 수 있는 부분입니다. 복음을 통해 저 자신이 하나님의 자녀로서 얼마나 귀한 존재인지를 깨닫게 되었기 때문입니다. 고아라는 배경은 저를 낮아지게 했지만, 복음은 저를 높여 주었습니다. 복음을 바로 전하면 열등감이 붙어 있을 자리가 없다는 것을 경험으로 배웠기 때문입니다. 성경에서는 우리를 '왕 같은 제사장'이라고 부르지 않습니까? 그 말씀이 마음에 믿어지면 열등감은 스스로 자취를 감추게 됩니다. 저는 젊었을 때 고학으로 힘든 시간을 보냈지만, 늘 이런 믿음을 품고 살

앉습니다. 제 삶에 언제나 붙잡고 살아왔던 생각이어서 다시 말씀드리는 것인데요, 하나님께서 세상의 모든 성직자를 사랑하시는 사랑의 무게와 나 하나를 사랑하시는 사랑의 무게를 저울 위에 올려놓는다면, 저울은 나를 사랑하시는 쪽으로 기울어질 것이라는 확신 속에서 살았습니다. 그 사랑의 저울은 단순한 비교가 아니라, 하나님께서 한 영혼을 위해 온전히 쏟아부으시는 사랑의 깊이를 보여주는 상징이었습니다.

그래서 저는 고아원에서 자랐다는 사실을 스스럼없이 말할 수 있었습니다. 요셉도 고아나 다름없었고, 감옥 출신이었으며, 전과자였지 않습니까? 하지만 하나님께서는 그의 고난을 사용하셔서 결국 애굽의 총리가 되게 하셨습니다. 그는 고난 속에서도 하나님을 신뢰했고, 그 신뢰는 하나님의 계획 속에서 열매를 맺었습니다. 그의 삶은 하나님의 섭리가 얼마나 크고 놀라운지 보여주는 증거가 되었습니다. 모세는 살인자였고, 다윗은 형제들에게조차 인정받지 못한 존재였습니다. 그러나 하나님께서 그들을 택하시고 사용하셨습니다. 저 또한 처음에 받은 응답의 말씀이 고린도후서 6장이었습니다. 거기에는 "가난한 자 같으나 모든 것을 가진 자"라는 말씀이 있지 않습니까? "징계를 받는 자 같으나 벌을 받지 아니하고, 죽은 자 같으나 살아있는 자"라는 말씀을 읽었을 때, 그 말씀이 제게 주신 응답이라는 것을 알았습니다.

복음이 바로 전해지고 성도의 심령 속에 깊이 자리 잡으면, 자신의 구원받은 신분이 얼마나 존귀한지 깨닫게 됩니다. 성경은 우리가

'하나님의 자녀'라고 선언합니다. 이는 단순한 칭호가 아니라, 하나님의 상속자로서 천국의 영광을 함께 누리는 자라는 뜻입니다. 우리가 그리스도 안에서 얼마나 높아졌는지를 알게 될 때, 자신에 대한 새로운 자부심과 담대함이 생깁니다. 야고보서 1장 9절에서도 말하듯, "부유한 자는 낮아짐을, 가난한 자는 높아짐을 자랑하라"라고 하였습니다. 그리스도 안에서 우리가 얼마나 높아졌는지 가르치는 것이 복음의 핵심이라고 생각합니다.

복음을 통해 열등감에서 벗어나고, 자신이 하나님의 자녀로서의 신분을 깨닫게 되었을 때, 그 안에서 자유와 기쁨을 누리게 됩니다. 저는 더 이상 과거에 얽매이지 않고, 하나님의 계획 속에서 나아갈 수 있다는 확신으로 새 힘을 얻었습니다. 고아로 자랐지만, 이제는 하나님이 주신 가족 안에서 사랑과 은혜를 경험하며, 그 자유와 기쁨이 삶 속에서 넘치고 있음을 느낍니다. 저는 이 진리를 확신하며, 성도에게 이 진리를 전달하기 위해 오늘도 말씀과 기도에 매진하고 있습니다.

오해받을 때, 무엇을 기억해야 할까?

대담자

그러면 열등감에 사로잡힐 수 없다는 말씀이군요. 끊임없이 이 부분에 대해서 노력을 해야겠네요. 그럼 또 하나 새로운 질문을 해보겠습니다. 교회 생활에서 오해를 받을 때는 어떻게 하는 게 좋을까요?

김성길 목사님

바울 사도가 말했습니다. "나는 너희들에게 판단 받는 것도 매우 작은 일로 여기고, 칭찬받는 것도 매우 작은 일로 여긴다. 왜냐하면 오직 나를 판단하실 이는 예수 그리스도이기 때문이다." 바울에게 사람의 시선과 평가는 바람결에 흩어지는 먼지처럼 여겨졌고, 그의 시선은 오직 하늘에 계신 그리스도를 향해 고정되었습니다. 이것이 얼마나 큰 자존감을 보여줍니까? 그리스도 안에서 자존감을 가졌다면, 사람들의 평가에 흔들리지 않습니다. 예를 들어, 누군가가 저를 보고 이렇게 말했다고 합시다. "목사님은 고아원 출신이라면서요? 거기다 고등학교 때까지 전교에서 싸움을 2등 이상 해본 적이 없다던데요." 네, 맞습니다. 고아원에서도 왕초를 했습니다. 하지만 그것이 제 존재를 평가하는 기준이 될 수는 없었습니다.

한동안 사회에 큰 문제였던 국가대표 배구 선수였던 쌍둥이 자매가 어릴 적 폭행 문제로 선수 자격을 박탈당하고, 광고 모델 자리까지 날아갔습니다. 언론에서는 이 사건을 대서특필하며 대중의 분노를 자극했고, 여론은 엄격한 도덕적 잣대를 요구하며 그들의 현재와 미래를 가차 없이 단죄했습니다. 한편으로는 일부 사람들 사이에서, 미성년 시절의 과오를 이유로 평생의 기회를 박탈하는 것이 과연 공정한지에 대한 논쟁도 일어나고 있었습니다. 물론 폭행이 옳다는 것은 아니었습니다. 하지만 그 문제를 문자 그대로만 적용해서 사람을 평가한다면, 아브라함부터 이삭, 야곱까지 모두 지옥에 가야 하지 않겠습니까? 당시의 법은 지금과 달랐습니다. 그때 기준으로 보면 18세 이하의 행동에 대해 지금처럼 성숙한 책임을 물을 수 없던 시대였습니다.

그리고 요즘 스웨덴 같은 나라를 보십시오. 한때 세계에서 가장 안전하다고 여겨졌던 그 평화로운 나라에서도, 이제는 하루에 두 건 이상 총기사고로 인해 사망자가 발생하고 있습니다. 최근 몇 년간 급증한 총기 사건은 범죄 조직 간의 갈등과 불법 무기 유입이 주요 원인으로 꼽히고 있습니다. 무엇보다 충격적인 것은, 이 범죄에 청소년들이 자주 연루되고 있다는 사실입니다. 그들은 범죄 조직에 의해 이용되며, 미성년자라는 이유로 법적 처벌을 피할 수 있다는 점이 악용되고 있습니다. 이러한 상황은 단순한 통계 이상의 의미가 있으며, 사회적 안전망의 붕괴와 가치관의 변화가 맞물린 복잡한 문제를 드러내고 있습니다. 문제는 누굴 시키냐는 겁니다. 주로 10대 청소년들을 시킵니다. 왜냐고요? 교도소에 가지 않으니까. 이런 현실을 보면서 물론 이것이 옳다는 뜻은 아니지만, 우리 사회가 미성년자의 죄까지 모두 들추어내 현재를 판단하는 것이 얼마나 위험한 일인지 생각해 봐야 했습니다. 그렇게 따진다면, 정치권에 있는 사람들, 국회의원들조차 과거를 모두 털어본다면 열 명도 채 남지 않았을 겁니다.

우리는 우리의 신분을 다시 생각해 보아야 합니다. 그리스도 안에서 하늘의 시민으로, 영원한 왕국의 상속자입니다. 하나님의 아들 딸로서 그분의 따뜻한 품 안에 안겨 있고, 왕 같은 제사장으로서 세상을 향해 빛과 소금이 되는 존재입니다. 이 고귀한 신분은 단순한 칭호가 아니라, 천상의 보좌에서 내려오는 사랑의 약속입니다. 이것은 단순한 이론이 아니라 진리입니다. 하지만 요즘 교회는 이러한 정체성을 잃어버리고 있다고 느껴집니다. 지금 필요한 것은 성령의 운동입니다. 성령의 운동 없이는 목회자들도 목회를 제대로 하기 어렵고, 교회가 부흥하고 살아나기도 힘들다고 봅니다. 성령을 받아야 합니다. 교인들이 성령을 받아야 하나님께서 그들을 인정하시고 그 안에서 역사하십니다. 제가 잘못한 일이 있었다면, 하나님께서 말씀하신 대로 "사과하라"라고 하셨으니, 그대로 했습니다. 저는 우리 교회를 떠난 분들의 아들딸들을 이렇게 하나씩 만나고 있습니다. 어제도 심방을 다녀왔습니다. 하지만 그분들에게 우리 교회로 돌아오라고 강요하지 않았습니다.

목사라면, 교인 한 사람이 시험에 들어도 바울의 말처럼 자신이 시험에 든 것처럼 마음 깊이 아파하며 기도해야 한다고 믿었습니다. 마치 자신의 가족이 방황하는 모습을 보는 듯한 마음으로, 그들을 위해 눈물로 기도하며 돌이킬 길을 간절히 구해야합니다. 그것이 목자의 마음이 아니겠습니까? 말로만 사랑한다고 하지 않고, 행동으로 보여주며, 또 기도하며 주님께 맡겼습니다. 이것이 바로 우리가 부름을 받은 자리에서 해야 할 일이라고 생각합니다.

몸이 지치고 힘들 때

대담자

맞아요. 그게 목사지요. 한 번 더 질문해 보도록 하겠습니다. 몸이 힘들 때도 있지 않습니까? 그럴 때 성도에게 해주고 싶은 얘기 없을까요?

김성길 목사님

저는 첫 심방에 갔을 때 많은 생각을 했습니다. 우리 교회는 정말 많은 목회자를 배출했었거든요. 개척교회 시절부터 시작해서 중고등학교 교목으로 섬겼던 가족도 나왔고, 침례교 총회 교육부장을 역임했던 목사님도 우리 교회 출신이었습니다. 대신 측 목사님의 사모님이 우리 교회에서 반주하셨고, 기장 측에서 공군본부 군종 참모로 섬기셨던 분도 우리 교회에 계셨습니다. 기장, 감리교, 대신 측 할 것 없이 침례교회까지 다양한 배경의 목회자들이 우리 교회에서 나왔었습니다.

제가 말씀드리기엔 좀 민망하지만, 설교가 은혜롭다는 소리를 들으면서 신학생들이 배우고 싶다며 찾아오기도 했습니다. 심지어 심방이 없는 날에도 일부러 와서 말씀을 들었던 경우도 있었지요. 그만큼 우리 교회는 신앙적으로도 풍성했던 곳이었습니다. 그런데 사람들은 시험에 드는 일이 많았습니다. 누군가가 자존감이 떨어지고 열등감에 사로잡히는 일도 적지 않았습니다. 그러나 이런 일은 누구에게

나 있을 수 있는 일이지요. 우리에게는 복음이라는 기본이 있습니다. 복음은 모든 것을 다시 세우는 능력이 있습니다.

　야고보서 말씀을 인용하며 이렇게 말했습니다. "너희가 인내하는 자가 복되다 함을 들었고, 욥의 인내에 대하여 들었으니, 하나님께서 주신 결말을 보았느니라." 이 말씀을 전할 때, 성도 중 일부는 눈시울을 붉히며 고개를 끄덕이곤 했습니다. 어떤 분은 자신의 어려운 상황을 떠올리며 눈물을 보였고, 또 다른 분은 조용히 기도하며 결단을 다지는 모습이었습니다. 저는 그들의 고통 속에서도 하나님의 은혜가 임하기를 간절히 구하며, 이 말씀이 위로와 힘이 되기를 바랐습니다. 그리고 이 모든 일이 지나갈 것이라는 믿음을 전했습니다. 요즘 흔히들 말하잖아요, "이 또한 지나가리라." 그래서 힘들어하는 성도에게도 조금만 참고 기도드리면 하나님께서 은혜를 베푸신다고 말씀드렸습니다.

　육체적으로 힘든 상황을 말씀하시는 분들도 많았습니다. 그럴 때는 기도만 드리는 것이 아니라 실질적인 도움도 드리려고 했습니다. 육체가 힘들다는 것은 매우 구체적이면서도 막연한 고통일 수 있습니다. 하지만 그럴 때야말로 하나님께서 특별한 은혜를 주시는 때라고 생각했습니다. 마치 하나님께서 초청장을 보내신 것처럼, 그 고난 가운데서도 하나님이 함께하신다는 확신을 심어드리려 했습니다.

　성도가 자존감이 낮아지고 시험에 들었다고 할 때마다, 복음의 능력을 믿었습니다. 그리고 성도에게 기도와 말씀으로 위로하며, "인내하는 자가 복되다"라는 진리를 전했습니다. 그런 시간이야말로 하나님께서 일하시는 때라고 확신했습니다. 심방은 단순한 방문이 아니었습니다. 그것은 마치 메마른 땅에 단비가 내리듯, 하나님의 사랑을 전하는 축복의 시간이었습니다. 성도의 마음에는 희망이라는 씨앗이 심어졌고, 그 씨앗은 기도와 믿음이라는 양분으로 자라날 준비를 하고 있었습니다. 저는 항상 그들을 위해 기도하고, 때로는 울기도 하며, 하나님께서 예비하신 결말을 기대했습니다. 그것이 제가 부름을 받은 자리에서 해야 할 일이라고 믿었습니다.

대담자

너무 좋은 말씀이네요.

김성길 목사님

여호와를 만날 만할 때는 언제일까요? 아브라함을 보십시오. 하나님께서 평생 다섯 번 그에게 나타나셨습니다. 그런데 그 다섯 번의 공통점은 무엇이었습니까? 모두가 위기 속에서, 외로울 때, 공포와 두려움에 사로잡혔을 때, 환경이 극도로 어려울 때였습니다. 창세기 12장에서 하나님께서 아브라함에게 말씀하시며 고향, 친척, 아버지의 집을 떠나라고 하셨을 때를 생각해 보십시오. 얼마나 두렵고 힘든 결정이었겠습니까? 고향을 떠나는 것은 단순히 거주지를 옮기는 것이 아니라, 익숙한 모든 것을 뒤로하고 새로운 불확실성으로 들어가는 것이었습니다. 그때 하나님께서 그에게 말씀과 약속을 주셨습니다. "내가 너로 큰 민족을 이루고 네게 복을 주어 네 이름을 창대하게 하리니 너는 복의 근원이 될지라." 이 약속은 단순히 미래에 대한 보장이 아니었습니다. 그것은 아브라함의 마음을 붙드는 희망이었습니다. 하나님께서는 하늘의 별과 같고 땅의 모래와 같은 자손을 약속하시며, 그가 발로 밟는 땅을 줄 것이라고 말씀하셨습니다. 이처럼 하나님께서는 위기의 순간마다 아브라함에게 나타나셨습니다. 고난과 두려움 속에서도 그의 손을 잡으시며, 약속의 말씀으로 그의 심령을 새롭게 하셨습니다.

우리도 마찬가지입니다. 위기는 곧 하나님을 만날 기회입니다. 환경이 어렵고, 두려움이 몰려오고, 모든 것이 흔들리는 그때야말로 하나님께 나아가야 할 때입니다. 하나님께서는 그 순간에 우리를 만나 주시고, 약속의 말씀으로 우리의 심령을 새롭게 하십니다. "내가 너를 떠나지 아니하며, 너를 버리지 아니하리라" 하신 그 말씀이 우리를 붙잡아 주십니다. 아브라함에게 다섯 번 나타나셨던 하나님께서 지금도 우리 각자의 인생에서 말씀하시며, 위기 속에서 우리를 만나 주십니다. 그러니 고난이 찾아올 때 그것을 두려움만으로 받아들이지 마십시오. 그것은 하나님께서 우리를 초대하시는 순간일지도 모릅니다. 위기는 하나님께 응답받을 기회가 됩니다. 여호와를 만날 만한 그 때를 놓치지 말고, 그분께 나아가십시오. 그리고 그분의 말씀 안에서 새로운 힘을 얻으십시오.

경제적 어려움 속에서도 믿음을 지키는 길은?

대담자

그러면 성도가 돈이 없을 때는 어떻게 해야 할까요?

김성길 목사님

성도가 경제적으로 어려움을 겪을 때는 참으로 막막하게 느껴질 수 있습니다. 이럴 때, 성도는 스스로 부지런히 일하며 문제를 극복하려고 노력해야 합니다. 물론 장애가 있거나, 극도로 어려운 상황에서는 교회나 이웃의 도움을 받을 수도 있지만, 기본적으로는 자신의 힘으로 헤쳐나가야 한다는 생각이 필요합니다. 그렇지만 어려운 상황에서 반드시 지켜야 할 몇 가지가 있습니다. 성도는 교회 안에서 돈 문제로 얽히지 말아야 합니다. 예를 들어, 다른 교인에게 돈을 빌려달라고 부탁하거나, 피라미드 구조 같은 사업에 가입을 권유하는 일은 절대 해서는 안 될 일입니다. 이런 일은 교회 공동체 안의 신뢰를 해치는 결과를 가져올 수 있습니다.

한번은 제가 개척교회를 섬기던 시절, 교인 중 몇몇이 경제적으로 매우 어려운 상황에 부닥친 적이 있었습니다. 그때 권사님의 사위가 군 실전 비행단에서 근무했는데, 누룽지가 가득 담긴 포댓자루를 얻을 수 있었습니다. 당시에는 전기밥솥이 없어서 불로 밥을 지었기 때문에 누룽지가 많이 생겼습니다. 저는 그 누룽지를 어려운 성도에게 나누어 주고 싶었지만, 직접 주는 것이 미안해서 집사님 한 분을 통해 몰래 전달했습니다. 마치 산타클로스처럼 교인들의 집 앞에 조용히 두고 오기도 했습니다.

또 다른 경우에는 성도끼리 낙찰계를 조직하여 서로 돕는 방식으로 어려움을 나눴습니다. 지금도 그때 함께했던 장로님과 권사님들이 그 경험을 기억하며 감사하고 있습니다. 이렇게 물질적인 어려움을 서로 돕는 것은 중요하지만, 무엇보다 그 과정에서 서로의 관계가 상처받지 않도록 지혜롭게 행동해야 한다는 것을 배웠습니다. 그런데 문제는 인간의 약함에서 비롯됩니다. 제가 기억하기로, 당시 낙찰계를 주관했던 한 집사님이 그 돈을 제대로 돌려주지 않는 일이 벌어졌습니다. 집사님은 도망가진 않았지만, 돈을 빌려 갔다가 갚지 않으면서 결국 고소장이 오가는 상황까지 이르게 됐습니다. 그런 이야기를 듣고는 제가 성도를 불러 말했습니다. "성경에도 성도끼리 고소하지 말라고 나와 있지 않습니까? 이런 일로 서로를 다투는 것은 옳지 않습니다."

하지만 말만으로 상황이 정리되지는 않았습니다. 그래서 저는 다른 집사님을 시켜, 그 돈을 대신 갚아주도록 했습니다. 당시 홍 집사님이 나서서 문제를 해결했습니다. 그는 먼저 문제의 원인이 된 집사님을 찾아가 진심 어린 대화를 나누며, 그가 처한 상황과 어려움을 이해하려고 노력했습니다. 이러한 과정을 통해 성도는 오해와 분노를 풀고 다시 화합할 수 있었습니다. 그 일이 있은 지 40여 년이 지난 지금도, 홍 집사님의 헌신적인 중재는 교회 안에서 은근히 회자하며, 신뢰와 공동체 정신의 본보기로 남아 있습니다. 당시 그 돈은 사실

제가 준 것이었지만, 이를 알리지 않고 조용히 처리했습니다. 서로의 신뢰를 지키기 위해서였지요.

물론 이런 사례는 드물지만, 이런 일은 교회 안에서 경제적인 문제가 얼마나 민감한지 보여줍니다. 재정적인 문제는 예수님조차 지혜롭게 피하셨습니다. 교회와 성도는 물질로 얽히지 않아야 하며, 성도 간의 신뢰를 깨뜨릴 수 있는 행동은 삼가야 합니다. 교회는 성도가 물질적 어려움을 겪을 때 도움의 손길을 내밀어야 하지만, 동시에 성도는 자신의 삶을 책임지기 위해 노력해야 합니다. 기도와 인내로 어려움을 극복하며, 하나님께서 필요한 때에 응답하실 것을 믿어야 합니다. 어려움 속에서도 하나님께서 함께하신다는 확신은 성도가 서로를 존중하며 믿음 안에서 살아가게 하는 원동력이 될 것입니다.

대담자
그럼 돈이 없을 때 목회자한테 의지하지 말아라.

김성길 목사님
'의지하지 말라'가 아니라 목사나 성도 사이에 돈 빌리거나 하지 말아라.

대담자
그러면 어떻게 극복하면 좋을까요? 돈이 없을 때?

김성길 목사님

돈이 없다는 것이 어떤 느낌인지 저는 정말 잘 알고 있습니다. 저도 한때 등록금과 생활비를 걱정하며 밤잠을 설치던 적이 있었습니다. 하지만 결국 스스로 해결해야 했습니다. 그 시절 저는 학비와 생활비를 직접 벌며 공부했고, 어려운 상황에서도 교회에 도움을 요청하지 않았습니다. 심지어 대학원 등록금을 마련할 때도 마찬가지였습니다. 예수님을 믿지 않는 근처의 한 아줌마에게 비싼 이자를 주고 돈을 빌려야 했습니다. 그때는 그분께도 미안했지만, 교회의 도움을 받으면 다른 성도에게 시험 거리가 될 수 있다는 생각이 들어 차마 부탁할 수 없었습니다.

저는 돈 문제는 성도 입장에서 교회와 얽히지 않는 것이 중요하다고 생각합니다. 재정적인 문제로 인해 교회와 신뢰 관계가 훼손되는 일은 절대 있어선 안 됩니다. 목회자 역시 이 점을 잘 이해해야 한다고 믿습니다. 목회자가 정말 딱한 성도의 사정을 알게 된다면, 가능한 한 조용히 도와주는 것이 맞습니다. 예를 들어, 생필품을 몰래 전달하거나 자녀 학비를 익명으로 지원하는 등의 방법이 있습니다. 하지만 정기적으로 물질적 지원을 제공하는 것은 지양해야 합니다. 한 교회가 경제적으로 안정된 성도로만 구성되어 있다면, 그 성도가 더 큰 교회로 옮기는 일도 종종 발생하곤 하기 때문입니다. 저는 이런 경험을 통해 경제적으로 어려운 상황에서도 성도 스스로가 노력하며 해결책을 찾아야 한다는 것을 배웠습니다. 물론 서로 돕는 것이 중요하지만, 그 관계가 물질적 문제로 얽히지 않도록 지혜롭게 행동해야 합니다. 성도 간의 신뢰는 돈보다 훨씬 소중한 자산이기 때문입니다.

우리 교회에서도 성도를 돕기 위해 원칙을 세운 적이 있습니다. 제가 목회하던 당시에는 당회와 공동 회의에서 구제 헌금을 따로 결의하여 어려운 성도를 지원했습니다. 8월 15일 해방 기념 주일에 모인 헌금은 장학금으로 쓰기로 했고, 실제로 많은 성도가 그 도움으로 학업을 이어갈 수 있었습니다. 그 원칙은 제가 은퇴한 후에도 교회 안에서 유지되었으면 좋겠습니다. 교회는 성도가 물질적 어려움을 겪을 때 직접적인 도움보다는 믿음과 기도로 그들의 마음을 지지해야 한다고 생각합니다. 하나님께서는 우리의 필요를 아시고, 우리가 스스로 노력하며 나아갈 때 그 길에 복을 주십니다. 어려움 속에서도 하나님을 신뢰하는 태도는 성도가 믿음 안에서 더 강해질 수 있도록 돕는 원동력이 됩니다. 저 역시 어려운 시기를 지날 때마다 하나님의 은혜를 경험했으며, 지금도 그 은혜가 제 삶을 붙들고 있습니다.

대담자

알겠습니다. 마지막 하나만 더 여쭤보겠습니다.

김성길 목사님

아니. 목사님은 교회에 가난한 성도가 있으면 어떻게 하실 겁니까?

대담자

저에게도 이야기할 기회를 주신다면, 저는 가난이라는 주제에 대해 깊은 관심이 있습니다. 목회란 단순히 말씀을 전하는 것이 아니라, 성도에게 삶의 가능성을 열어 주는 종합 예술이라고 생각합니다. 목회자는 성도가 보지 못하는 삶의 다양한 측면과 경험을 통해 선과 악을 분별하고, 망할 길과 성공의 길을 명확히 볼 수 있는 위치에 있습니다.

목회자가 바로 서면, 성도의 영성도 자라난다고 믿습니다. 하나님과의 관계가 흔들리거나, 열등감에 사로잡히거나, 오해 속에 갇힐 때도 목회자의 중심이 잡혀 있으면 성도는 그 영향을 받으며 바로 설 수 있습니다. 그렇기 때문에 목회자는 가난과 같은 현실적 문제에도 관심을 기울이며, 성도에게 삶의 가능성을 제시해야 한다고 생각합니다. 하지만 여기서 말하는 가능성이란 "무슨 치킨집을 해라", "슈퍼마켓을 해라"와 같은 단순한 제안이 아닙니다. 삶이 얼마나 커질 수 있고, 위대해질 수 있는지를 보여주는 것입니다. 하나님께서 주신 복이 여전히 열려 있다는 사실을 일깨워 주는 것입니다. 성도가 자신의 한계를 삶의 가능성으로 본다면, 목회자는 하나님의 가능성을 통해 그들의 한계를 넘어서도록 도와야 합니다. 이는 단순한 공감의 차원을 넘어서, 함께 그 길을 걸을 수 있는 진지한 사랑과 에너지를 공유하는 것으로 생각합니다.

저는 또한 목회자가 자신의 배를 불리기 위해 목회를 이용하는 사례를 보며, 그런 태도가 얼마나 잘못된 것인지 깨달았습니다. 진정한 목회자는 자기 자신이 죽는 것을 두려워하지 않고, 자신을 비우며 성도와 교회를 살리는 데 헌신해야 합니다. 자기희생 없는 교회도, 성도도 살아날 수 없습니다. 그렇기에 목회자는 성도의 고통과 가난에 공감하며, 그들과 함께 극복해 나갈 진지한 사랑과 힘을 가져야 합니다.

가난은 단순히 물질적인 결핍이 아니라, 목회자가 성도와 함께 진지하게 마주해야 할 현실입니다. 저는 한 인생을 완전히 책임질 수는 없지만, 그 인생이 희망을 품을 수 있도록 도와줄 책임은 있다고 믿습니다. 또한, 한 설교 한 설교가 단순히 강연이 아니라, 성도의 삶에 깊숙이 스며드는 메시지가 되어야 한다고 생각합니다. 설교는 성도의 삶과 얼마나 밀접하게 연결되어 있는지가 중요하며, 그것이야말로 목회의 본질이라고 느낍니다.

교회를 개척하며 성도 한 사람 한 사람의 삶이 얼마나 교회와 밀접하게 연결되어 있는지를 보게 되었습니다. 목회자의 역할은 단순히 교회를 운영하는 데 그치지 않고, 성도와 함께 삶의 가능성을 발견하고 하나님의 은혜 속에서 함께 성장하는 길을 걷는 것입니다. 이는 목회를 진정한 기쁨이자 책임이라고 믿습니다.

김성길 목사님
저는 우리 교회 성도에게 물어보면 다들 똑같이 대답할 거라고 믿습니다. 우리 교회는 성도의 재정적 수준이 상당히 높았습니다. 이는 젊은 시절부터 성도에게 그리스도 안에서 꿈을 가지게 하고, 신앙의 원칙을 철저히 가르쳤기 때문입니다. 성도가 성경 말씀에 따라 첫 열매와 온전한 십일조를 드리며, 하나님께서 약속하신 복을 받았기 때문입니다. 왜냐하면 젊은 시절부터 성도에게 그리스도 안에서 꿈을 가지게 하고, 성경에서 약속하신 원칙들을 가르쳤기 때문입니다.

첫 열매를 드리고, 온전한 십일조를 드리고, 헌물을 온전히 바치면 하나님께서 쌓을 곳이 없도록 복을 주신다고 하셨잖아요. 말라기 3장 10절에 "만군의 여호와가 이르노라. 너희의 온전한 십일조를 창고에 들여 나의 집에 양식이 있게 하고 그것으로 나를 시험하여 내가 하늘 문을 열고 너희에게 복을 쌓을 곳이 없도록 붓지 아니하나 보라"고 약속하셨습니다. 실제로 성도 중 몇몇은 이러한 말씀을 실천하며 사업이 번창하고 가정이 화목해진 사례들을 간증으로 나누기도 했습니다. 그 말씀을 붙들고 성도에게도 꿈을 심어주었습니다.

사람에게 꿈이 없으면 선행을 할 수도 없다고 생각합니다. 그래서 복음 안에서 영혼이 잘 되고, 범사가 잘 되고, 강건해지는 삶을 꿈꾸게 했습니다. 처음 개척교회 시절에는 주로 어려운 환경에 있는 청년들, 공장에서 일하는 분들이 주축이었습니다. 당시 그들은 정말 어려웠지만, 지금은 많이 달라졌습니다. 그들 대부분은 신앙적으로 성장하여 직분으로도 남성은 장로, 여성은 권사가 되어 교회를 든든히 세워가고 있습니다. 신앙생활을 바로 하면 찢어지게 가난할 이유는 없는 것 같습니다.

초신자들이 교회에 오면 저는 항상 하나님 안에서 삶의 가능성을 보여주려 노력했습니다. 한 번은 방원규 목사님이라는 분을 만난 적이 있습니다. 그분은 6.25 전쟁 당시 대령으로 사단장을 역임하셨고, 은퇴 후 새빛교회를 개척하셨습니다. 연금이 많아 교회 사례비를 받지 않고, 자기 돈으로 전도하고 구제하셨던 분이었습니다. 그런데 그분은 이렇게 말씀하셨습니다. "먹고살 만해진 교인들은 교회를 떠납니다." 그 말씀을 듣고 제가 조심스럽게 의견을 드렸습니다. "목사님, 가난했던 교인들이 왜 먹고살 만해지면 떠나는지 생각해 보셨나요? 그들은 극빈자로 교회에 왔지만, 시간이 흐르며 경제적 안정을 찾았습니다. 그러나 그 과정에서 자신이 여전히 가난한 사람으로 보이는 것이 부담스러워졌고, 새로 얻은 안정된 삶에 걸맞은 새로운 이미지를 갖추고 싶어 했습니다. 이에 따라 자신을 더 이상 극빈자로 대하지 않는, 떳떳한 성도로 받아들여질 수 있는 다른 교회를 찾고 싶어 했던 겁니다. 목사님께서 어려운 성도를 돕더라도, 그 이름을 드러내지 말고, 조용히 집사를 통해 전달하도록 하십시오. 그리고 정기적으로 구제를 제공하기보다는 가끔 금일봉을 주거나, 함께 식사하며 마음을 나누는 방식으로 도와주시면 더 효과적일 것입니다."

목회 현장에서 구제는 정말 신중히 해야 한다고 생각합니다. 오른손이 하는 일을 왼손이 모르게 하라는 성경 말씀처럼, 목사가 직접 돕는 모습을 드러내지 않으면서도 성도에게 실질적인 도움을 줄 수 있어야 합니다. 구제는 사랑의 표현이지만, 동시에 성도의 자존감을 지키는 방식이어야 합니다. 교회와 성도, 그리고 목회자의 관계가 건강하게 유지되려면, 이런 섬세한 접근이 필요하다고 믿습니다.

/   서로를 살리는 관계

·관계란 우리 삶에서 어떤 의미를 가지는가?

·목회자가 성도와의 관계 회복을 위해 먼저 할 일은?

·교인들 간의 갈등을 해결하기 위한 중요한 원칙

·가족 관계가 힘들 때, 먼저 해야 할 일

·좋은 관계를 위한 신앙의 핵심

관계란 우리 삶에서 어떤 의미를 가지는가?

대담자

그럼 이런 질문을 드려보겠습니다. 목사님의 목회 인생에 있어서 관계를 빼놓을 수 없을 텐데요. 하나님과의 관계, 대인 관계, 나 자신과의 관계도 있고요, 목사님은 관계란 무엇인지 또 어떻게 맺으시는지 말씀해주시겠어요?

김성길 목사님

관계는 제 인생과 목회에서 늘 중요한 주제였습니다. 많은 선배 목사님도 그런 말씀을 하셨지만, 실제로 살아보니 관계라는 것은 정말로 우리 신앙과 삶에서 핵심이더군요. 방금 말씀하신 것처럼 하나님과의 관계, 대인 관계, 나 자신과의 관계가 모두 연결되어 있다고 생각합니다. 선배님들께서 흔히 하시던 말씀이 있어요. "신통하면 인통하고, 인통하면 물통한다." 하나님과의 관계가 잘 되어 있으면 사람과의 관계도 자연히 풀리고, 물질적인 축복도 따라온다는 뜻이지요.

하나님과의 관계는 사람마다 다르게 표현될 수 있습니다. 각자가 가진 신앙의 깊이와 성경의 깨달음, 성령의 감동에 따라 각기 다를 수 있지만, 본질적으로 중요한 것은 하나님께 가까이 가는 마음이라고 믿습니다. 저는 어려서부터 "하나님께 가까이함이 내게 복이라"라는 말씀을 가슴에 새기며 살았습니다. 시편 73편 28절 상반절 말씀이지요. 개척교회를 세우고 힘든 상황에서도 이 말씀을 떠올리며, 하나님께 가까이하려는 마음을 잃지 않으려 노력했습니다. 개척 초기에는 이 말씀을 액자에 담아 선물로 전하며, 성도에게도 이 가르침을 나누곤 했습니다. 하나님께 가까이 간다는 것은 단순히 기도를 많이 한다거나 말씀을 읽는 것만을 의미하지 않습니다. 감사하는 마음으로 살아가는 것입니다. 감사는 빚진 자의 심정에서 우러나오는 것이지요. 저도 목회를 하며, 또 성도로서 살아가며 항상 하나님께 사랑의 빚을 진 빚쟁이라고 생각하며 살았습니다. 그래서 매일 기도할 때마다 "하나님께 받은 사랑과 복을 조금이라도 이웃에게 나누게 해주소서"라고 고백하며 하루를 시작했습니다.

제가 19살에 처음 전도사로 나서서 지금까지 60년 넘게 목회를 해왔습니다. 지나온 세월을 돌아보면 정말 감사한 일들이 많습니다. 목회하면서 힘들었다고 느꼈던 적은 거의 없었습니다. 개척교회를 두 번 했고, 처음 시작할 때는 교인도 없고, 땅도 없고, 사택도 없는 상태에서 시작했지만, 하나님께서 책임져 주신다는 확신 하나로 편안한 마음으로 시작했습니다. 늘 기도하며 "하나님께서 길을 알고 계시고 책임져 주실 것이다"라는 믿음으로 임했더니 모든 길이 열렸습니다.

사람들과의 관계에서도 제가 늘 마음에 새기며 살아온 좌우명이 있습니다. "내가 사귀었던 사람을 내가 먼저 배신하지 않는다." 이 마음으로 성도와 교우들, 그리고 동료 목회자들과의 관계를 유지하려 했습니다. 한 번은 제가 전도사로 섬겼던 교회의 제자들이 50년 만에 찾아와 식사를 나누고 이야기를 나눴습니다. 그 모습을 본 다른 목회자들이 "어떻게 50년 전에 가르쳤던 제자들이 지금까지 찾아오냐?"라며 놀라워하더군요. 그 순간 저는 관계의 힘이 얼마나 큰지 시은소교회를 섬기며 깨달았습니다. 지금도 그 제자들과 연락을 주고받으며 소식을 나누고 있습니다.

또한, 목회자의 관계는 단순히 성도와의 유대감을 넘어서 인간관계 전반에 대한 겸손한 자세로 이어져야 한다고 생각합니다. 한 번은 선배 목사님께서 제게 "너는 목사로서 성격이 더 유연해져야 한다"라고 조언하신 적이 있습니다. 그 말씀을 기억하며, 언제나 저 자신을 낮추고 다른 이들에게 다가가려 노력했습니다. 선배와 후배, 성도와 이웃 간의 관계에서도 저는 늘 하나님께 받은 사랑을 나누려는 마음으로 임했습니다. 결국 관계는 하나님께서 나를 사랑하신 것처럼 성도와 주변 사람들을 사랑하는 데서 시작된다고 믿습니다. 진심 어린 사랑과 관심으로 대하면, 성도와의 관계뿐만 아니라 모든 인간관계가 건강하게 유지될 수 있다고 생각합니다. 하나님과의 관계가 제대로 세워지면, 그 사랑이 자연스럽게 대인 관계로 흘러가게 되어 있습니다. 그것이 제가 목회를 통해 배운 관계의 원리입니다.

목회자가 성도와의 관계 회복을 위해 먼저 할 일은?

대담자

그럼 관계라는 것은 결국 나와 가까운 사람들과 맺고 있는 유대에서 시작된다는 것인데 목회자와 성도 사이가 그럴 관계인 것입니다. 그런데 가까운 사람일수록 나를 힘들게 할 때가 많습니다. 특히 목회자가 성도와의 관계에서 어려움을 겪을 때, 어떻게 해야 하는지 고민이 많을 수밖에 없습니다. 그럴 때는 어떻게 해야 할까요?

김성길 목사님

목회자는 종종 믿음 생활을 잘하는 성도에게는 더 잘하도록 훈계도 하고 독촉도 하며, 때로는 강하게 조언하기도 합니다. 반면, 헌신적이지 않거나 소극적인 성도에게는 긍정적인 말과 덕담으로만 대하는 경우가 많습니다. 이는 목회자의 책임감과 배려에서 비롯된 것이지만, 이런 방식이 항상 효과적이지는 않을 수 있습니다.

목회자가 성도와의 관계에서 어려움을 겪을 때, 그 상황을 해결하기 위해 심방이나 개인적인 만남을 통해 말씀을 전하고, 경험담을 나누며 권면하는 경우가 많습니다. 그러나 이러한 시도가 즉각적으로 성도의 변화를 불러올 것이라고 기대하는 것은 현실적으로 쉽지 않습니다. 변화는 인간의 노력만으로 이루어지는 것이 아니라, 하나님의 역사로 가능하다는 사실을 잊지 말아야 합니다. 목회자는 갈등을 해결하고 관계를 회복하기 위해 먼저 자신을 낮추고, 하나님께 기도하며 인내심을 가져야 합니다. 성령의 도우심을 구하고, 성도를 진심으로 사랑하는 마음으로 다가갈 때, 그들의 마음이 서서히 열릴 수 있습니다. 관계를 회복하는 과정에서 성도의 상황을 이해하고, 그들의 이야기를 경청하며 신뢰를 쌓는 것이 중요합니다.

또한, 목회자는 성도의 영적 성장에 필요한 시간을 존중해야 합니다. 즉각적인 변화를 기대하기보다는, 하나님께 맡기고 지속해서 격려하며 기다리는 태도가 필요합니다. 성도와의 관계에서 목회자는 하나님의 사랑을 전하는 도구로서의 역할을 수행하며, 그 사랑이 성도의 마음을 움직이도록 인도해야 합니다. 결국 목회자의 역할은 단순히 문제를 해결하는 것이 아니라, 하나님께서 성도의 삶에 역사하시도록 길을 여는 것입니다. 이러한 태도로 성도를 품고 인도할 때, 목회자는 건강한 관계를 유지하며 성도의 신앙과 삶에 긍정적인 영향을 미칠 수 있습니다.

교인들 간의 갈등을 해결하기 위한 중요한 원칙

대담자

교인과 교인과의 관계가 힘들 때 어떻게 극복할 수 있는지 얘기해 주시면 좋을 것 같습니다.

김성길 목사님

성경은 우리에게 사랑하라고 말씀하십니다. "믿음이 강한 자는 믿음이 약한 자를 받아들이라"라는 가르침처럼요. 저는 이 말씀을 늘 마음에 새기며 행동하려고 합니다. 교회에서 성경을 함께 읽을 때 속도가 빠른 분들은 느린 분들에게 보조를 맞추는 것처럼, 대인 관계에서도 강한 자가 약한 자를 받아들이는 자세가 중요하다고 믿습니다.

얼마 전, 도벽이 있는 한 집사님에 관한 이야기가 있었습니다. 이 분은 주변에서도 이미 도벽으로 유명했습니다. 그런데도 그분이 봉사 활동에 참여하겠다고 하니, 교우들이 담임목사에게 묻지 않고 저에게 찾아와 어떻게 해야 하느냐고 물었습니다. 저는 이렇게 대답했습니다. "단속을 잘하시고, 그분이 무엇을 가져가더라도 눈총을 주지 말고 끝까지 잘 대해 주십시오 그렇게 하면 언젠가 마음을 돌릴지도 모릅니다." 대인 관계에서 갈등이 생겼을 때, 특히 교우들 사이에서 오해나 불화가 있을 때, 목회자가 한쪽 편을 드는 것은 매우 조심스러워야 합니다. 누군가 와서 다른 사람을 비난하며 "심하지 않나요?"라고 묻는다면, 그 말을 듣고 "아, 좀 심했네요"라고 대답하는 순간, 그 말은 "목사님도 그렇게 생각한다"라는 식으로 왜곡되어 퍼질 가능성이 큽니다. 이렇게 되면 목회자 자신뿐만 아니라 교회의 신뢰까지 훼손될 수 있습니다. 그래서 저는 이런 상황에서 항상 중립을 지키려고 노력합니다. 누구의 편도 들지 않으면서, 신앙이 조금 더 성숙해 보이는 분에게는 이렇게 말하곤 합니다. "조금 힘들겠지만, 그분을 위해 기도해 주십시오. 그리고 끝까지 사랑으로 대해 보세요. 그러면 언젠가 변화가 있을 겁니다." 이런 태도는 성도 간의 갈등을 완화하는 데 큰 도움이 됩니다.

저 자신도 이런 문제들로 인해 힘들어하지 않으려고 마음을 다잡습니다. 왜냐하면, 이런 갈등과 문제들은 어느 사회, 어느 시대에나 존재하는 것이기 때문입니다. 특별히 신경 쓰지 않고, 오히려 사랑으로 품고 인내하며 기다리는 것이야말로 진정한 변화의 씨앗을 심는 일이라고 생각합니다. 이러한 태도가 결국 관계를 회복하고 교회를 건강하게 만들어 간다고 믿습니다.

대담자

요즘 젊은 사람들을 목회하면서 저는 종종 대화의 편안함과 스스럼
없이 자기 생각을 표현하는 그들의 태도를 보며 감탄하기도 했습니
다. 그러나 한편으로, 그들이 성숙하게 한 사람의 존재를 온전히 받
아들이는 연습은 충분히 되어 있지 않다는 점을 느끼곤 했습니다. 이
는 단순한 표현 능력과는 별개의 문제로, 진정으로 관계를 이해하
고 깊이 있는 유대를 맺는 데 필요한 중요한 요소입니다. 관계라는 것
은 개인의 성숙도가 깊이 관여하는 영역입니다. '성숙하다는 것'은 단
순히 나의 입장을 잘 표현하는 것을 넘어, 상대방의 입장을 받아들
이고 그 사람의 전체적인 존재를 존중하는 태도를 의미합니다. 젊은
사람들이 이러한 성숙도를 키워 나가는 데에는 몇 가지 중요한 요인
이 있는 것 같습니다.

김성길 목사님

"너희 하나님 아버지 온전하신 것 같이 너희도 온전하라." 이 말씀은
마태복음 5장 48절에서 나온 구절로, 예수님께서 산상수훈을 통해
제자들에게 완전함에 대한 기준을 제시하신 부분입니다. 여기서 '온
전함'은 단순히 결점이 없음을 뜻하는 것이 아니라, 하나님의 사랑처
럼 포용적이고 희생적인 사랑을 실천하라는 깊은 의미를 담고 있습
니다. 이런 말씀은 성숙을 의미하는 것이 아닐까요? 이렇게 말씀을
묵상하다 보면, 나이는 들었지만, 여전히 어린아이 같은 사람도 있
고, 나이가 어리더라도 철이 빨리 드는 사람도 있습니다. 그래서 기

다려 주는 인내가 중요하다는 생각이 듭니다. 사람은 성품이나 습관이 쉽게 변하지 않습니다. 심지어 성령을 받았다 해도, 바울이 마가를 버렸던 것처럼, 잠재의식 속에서 굳어진 성격이나 태도는 쉽게 바뀌지 않기도 합니다. 그러나 시간이 지나고 나이가 들어가면서, 결국에는 많은 것들이 변화하고 좋아지는 것을 보게 됩니다. 어떤 사람은 최소한 죽음을 맞이할 때야 비로소 모든 관계에서 온유함과 성숙함을 드러내기도 합니다. 저는 이런 점에서 목회자가 성도를 기다리고 이해하는 것이 중요하다고 생각합니다.

요즘은 심리학을 배우는 것이 목회에도 큰 도움이 됩니다. 스웨덴에서는 초등학교 교사들도 학생들의 연령대에 따라 심리학을 따로 배운다고 합니다. 제 조카가 초등학교 1, 2학년 교사였는데, 학부모들과의 소통이 너무 힘들어서 4, 5학년 교사로 전환하려 했다고 합니다. 그런데 4, 5학년을 맡으려면 심리학 과정을 따로 이수해야 했습니다. 이를 보면서 정말 선진국은 다르구나 하고 감탄했습니다.

사람의 성격이나 태도는 성장 환경과 역할에 따라 매우 다양합니다. 외동아이로 자란 아이들은 종종 자신만의 공간과 주도권을 중시하는 경향이 있지만, 형제자매와 함께 자란 아이들은 협력과 양보를 자연스럽게 배우는 경우가 많습니다. 이처럼 성장 과정에서의 경험이 성격 형성에 큰 영향을 미칩니다. 외동아들은 외동아들 나름의 성격이 있고, 맏아들, 차남, 셋째 딸 모두 각기 다른 성격을 가지게 됩니다. 그런데 요즘은 대부분 외동아들이나 외동딸이 많아서, 또 다른 도전과 이해의 필요성이 생긴 것 같습니다. 목회자로서 이러한 다양성을 이해하고 성도의 성장을 인내하며 돕는 것이 제 사명이라고 느낍니다. 기다림은 단순히 시간을 보내는 것이 아닙니다. 그것은 상대방을 사랑으로 품고, 그들이 변화할 시간을 주는 능동적인 과정입니다. 하나님께서도 우리를 길이 참고 기다리시는 것처럼, 목회자 또한 성도에게 이러한 태도를 보여야 합니다. 때로는 세대 간의 갈등이나 성도 간의 오해 속에서 목회자의 역할은 중재자와 인내하는 자의 책임을 다하는 데 있습니다.

세대 간의 차이를 이해하는 일은 단지 젊은 세대를 기다리는 데 그치지 않습니다. 그것은 그들이 가진 가능성과 독특한 강점을 발견하고, 이를 통해 하나님께서 그들의 삶에 역사하시도록 돕는 것입니다. 이와 같은 기다림과 사랑이 있을 때, 우리는 서로를 더 깊이 이해하고 성숙한 관계를 형성할 수 있습니다.

가족 관계가 힘들 때, 먼저 해야 할 일

대담자

하나님도 길이 참으시지요. 그럼 또 다른 부분을 얘기하겠습니다. 가족과의 관계가 안 좋을 때는 어떻게 하면 좋을까요?

김성길 목사님

회개해야 한다는 말씀을 들을 때마다 저는 가족 관계가 얼마나 중요한지 생각하게 됩니다. 살아보니 가족 관계는 단순한 믿음의 관계를 넘어, 가계에 내려오는 문화와 DNA의 영향을 크게 받는 것 같습니다. 루터는 "하나님은 전원을 가꾸시고 사탄은 도시를 조성한다"라며, 전원적인 삶이 하나님의 창조 질서를 반영한다고 보았습니다. 그는 또한 "하나님께서는 가정을 귀히 여기시지만, 사탄은 가정을 파괴하여 교회까지 무너뜨리려 한다"라고 경고했습니다. 이는 가정이 단순한 인간의 유대가 아니라, 신앙과 공동체의 기초임을 강조한 것입니다. 결국 가정이 파괴되면 모든 것이 흔들리기 마련입니다. 그러나 이런 민감한 문제에 목사가 직접 뛰어들기는 쉽지 않습니다. 오히려 불씨를 키울 위험이 있기에, 말씀으로 가르치고 기도로 하나님께 맡기는 것이 최선이라고 생각합니다.

가정 문제는 섬세하게 접근해야 합니다. 부부 사이의 갈등이 있으면 직접적으로 한쪽의 잘못을 지적하기보다는, 성경 말씀을 통해 서로를 이해하고 화해할 수 있도록 돕는 것이 중요합니다. 부부가 함께 말씀을 읽고 기도하는 시간을 가지도록 권유하거나, 교회 내 소그룹 활동을 통해 자연스럽게 문제를 해결할 기회를 제공하는 것도 효과적입니다. 직접적으로 책망하거나 뛰어들면 오히려 반감을 사고 관계를 더 악화시킬 수 있습니다. 목회자로서 가정의 상황을 대략 파악하고, 말씀으로 조언하며 기도로 중재하는 것이 가장 효과적이라고 믿습니다. 어떤 문제든, 하나님 말씀의 힘과 성령의 역사하심으로 해결될 수 있음을 믿고 맡겨야 합니다. 제가 말씀을 통해 전하려 한 것이 바로 그것입니다.

결국, 가정의 회복은 말씀 안에서의 성찰과 은혜로 이루어지는 것입니다. 말씀을 읽고 묵상하며 부부가 서로의 감정을 이해하는 시간을 가지는 것이 도움이 됩니다. 특히, "남편들아 아내 사랑하기를 그리스도께서 교회를 사랑하시고 그 교회를 위하여 자신을 주심 같이 하라"라는 에베소서 5장 25절의 말씀을 나누며, 서로에 대한 책임과 사랑의 본질을 되새기는 시간이 중요합니다. 이러한 과정에서 자연스럽게 하나님께서 주시는 회복의 은혜를 경험할 수 있을 것입니다. 목회자의 역할은 그 회복의 길을 보여주되, 강요하지 않고 성령께 맡기는 데 있다고 생각합니다.

좋은 관계를 위한 신앙의 핵심

대담자

목사님 항상 좋은 관계를 유지할 수 있는 신앙의 비결에는 어떤 게 있을까요?

김성길 목사님

좋은 관계를 유지하려면 내가 손해 본다고 생각하는 마음가짐이 중요합니다. 특히 목회자들 사이에서도 이러한 태도는 관계의 지속성을 보장해 주는 귀중한 지혜로 작용합니다. 요즘 유튜브에서는 "이런 사람은 상종하지 마라"는 주제의 영상들이 자주 뜹니다. 감사할 줄 모르는 사람, 밥을 사도 한 번도 사지 않는 사람 등 다양한 유형을 경계하라는 내용이지만, 이는 세속적인 관점에 불과합니다. 성경은 오히려 "믿음이 강한 자는 믿음이 약한 자를 받아들이라"라고 말씀합니다.

제가 관계에서 깨달은 가장 중요한 가르침은, 상대방을 있는 그대로 받아들이고 더 베풀겠다는 마음입니다. 50년 전 제자 중 여전히 연락을 주고받는 사람들이 많습니다. 그들은 이제 70세가 넘은 나이가 되었지만, 저는 여전히 그들에게 먼저 다가가며 식사와 나눔으로 관계를 이어갑니다. 어제도 대학교수, 약사, 간호과장으로 성공한 권사님들이 대접한다고 모였는데, 결국 밥값은 제가 냈습니다. 이런 작은 손해를 감수하며 관계를 지속하는 것이야말로 그리스도의 사랑을 실천하는 길입니다.

목회자들 사이에서도 겸손은 필수입니다. 자신의 경험과 능력을 내세우기보다는 상대방의 어려움을 헤아리며 스스로 낮추는 태도가 관계를 이어가는 열쇠입니다. 성경에서도 "온유한 자는 땅을 차지할 것이다"라고 말씀합니다. 겸손과 온유는 대인 관계를 견고히 하는 토대가 됩니다.

사랑에 대한 성경의 가르침도 매우 중요합니다. 고린도전서 13장 4절 말씀의 "사랑은 자랑하지 아니하며"라는 제가 목회 중에 자주 되새기는 구절입니다. 간증과 자랑의 경계선은 모호할 때가 많습니다. 어려움을 겪는 사람에게 간증을 나눌 때는 그들의 마음을 배려하지 않으면 자칫 자랑으로 들릴 수 있습니다. 간증은 하나님께 영광을 돌리는 도구가 되어야지, 자신의 성취를 드러내는 수단이 되어서는 안 됩니다.

대인 관계의 모든 지혜는 하나님의 말씀에서 나옵니다. 말씀을 묵상하며 따를 때, 대인 관계의 어려움도 풀려갑니다. 하나님께서는 필요한 순간마다 지혜와 해결책을 주십니다. 이러한 믿음으로 관계를 맺고 유지하며, 그리스도 안에서 온유와 사랑으로 살아가고자 합니다.

대담자

결국 "하나님 안에 잘 붙들려 있어라"라는 말씀이네요.

김성길 목사님

사람을 만나는 일은 단순한 약속 이상의 의미가 있을 때가 많습니다. 특히 신경 쓰이는 만남이나 이유가 불분명한 요청이 있을 때는, 마음속에서 여러 가지 생각이 오가며 불안하거나 경계심이 생기기도 합니다. 이러한 상황에서 제가 배운 중요한 태도는 먼저 말씀을 묵상하며 준비하는 것입니다. 누군가가 만나자고 했을 때, 왜 만나자고 하는지 알 수 없을 때는 성령님께 도움을 구하는 것이 가장 먼저입니다. 성령의 인도하심을 간구하며 마음을 하나님께로 돌릴 때, 우리 생각과 걱정은 그분의 평안으로 대체됩니다. 그리고 실제로 만남이 이루어졌을 때는 시선을 하나님께로 향하고 귀를 상대방의 말에 집중하며, 마음을 열고 대화에 임하는 것이 중요합니다. 그 과정에서 정신을 차리고 깨어 있는 태도는 필수적입니다. 상대방의 말을 단순히 듣는 것 이상으로, 그들이 전하고자 하는 진심과 필요를 헤아리려는 노력이 필요합니다. 이러한 태도는 단지 좋은 인상을 남기는 것을 넘어서, 만남을 통해 하나님의 뜻을 발견하고 이루어가는 데 도움을 줍니다. 이와 같은 준비와 태도를 보이면, 어떤 만남이든 하나님께서 인도하시는 방향으로 나아갈 수 있다고 믿습니다.

복음은 삶 속에서 어떻게 나타나는가?

대담자

목사님이 생각할 때 결론적으로 복음이란 어떤 건지 한번 얘기해 주시겠어요?

김성길 목사님

책을 보거나 연구하고 인터뷰에 임하지는 말아야겠다고 생각했습니다. 왜냐하면, 책은 많고 자료도 많지만, 복음은 단순한 지식이 아니라 삶 그 자체에서 깨달아지는 하나님의 사랑이기 때문입니다.

복음은 하나님의 사랑입니다. 그 사랑을 진정으로 깨달으면, 회개가 그 안에 자연스럽게 포함됩니다. 성령께서 그 사랑을 통해 우리에게 임하시고, 다양한 은사들도 주십니다. 결국, 복음의 핵심은 하나님의 사랑이고, 그것이 우리의 삶에서 어떻게 드러났는지가 중요합니다. 저에게 하나님의 사랑은 늘 삶 속에서 느껴지는 자유함으로 나타났습니다. 얽매임에서 벗어나게 하고, 평안을 주며, 어떤 상황 속에서도 나아갈 수 있는 용기를 주는 것이 바로 그 사랑이었습니다. 저는 그 자유와 평안을 날마다 경험하며, 그것이야말로 복음의 진정한 능력이라고 믿습니다.

삶 속에서 하나님의 사랑을 깨닫고 나면, 그것이 어떻게 드러나는지 이야기할 수 있습니다. 그 사랑은 제게서 자유로, 기쁨으로, 그리고 더 나아가 다른 사람들과 나누고 싶은 소망으로 이어졌습니다. 그래서 복음은 단순히 교리나 지식으로 끝나는 것이 아니라, 우리의 일상에서 하나님과 함께 살아가는 여정임을 늘 기억하고 전하고 싶습니다.

대담자
복음이란 하나님의 사랑과 자유함이다.

김성길 목사님
저는 복음을 통해 얻는 자유함을 삶 속에서 늘 경험해 왔습니다. 우리는 죄와 사망에서 해방될 뿐만 아니라, 근심과 걱정에서도 자유로워질 수 있습니다. 저는 목회하면서 돈 걱정을 해 본 적이 없습니다. 교회가 부흥되지 않으면 어쩌나 하는 불안도 느껴본 적이 없습니다. 왜냐하면 하나님께서 죄인 되었던 저를 구원해 주셨기 때문입니다. 기도할 때마다 이렇게 고백했습니다. "하나님, 제가 죄인이었을 때도 저를 구원해 주셨는데, 지금은 조금 나은 상태입니다. 지금도 응답해 주실 줄 믿습니다."

저는 어린 시절 부모님과 생이별했습니다. 그래서 하나님께 기도드릴 때 항상 이렇게 말했습니다. "하나님, 당신은 저의 영적인 아버지이시지만, 저의 육신의 아버지도 되어 주셔야 합니다." 요한복음 3장 16절의 말씀대로, 하나님께서는 저를 사랑하셔서 독생자를 주셨습니다. 그 사랑은 구원의 복음으로 저에게 주어졌고, 그것은 곧 제삶 속에서 자유함으로 나타났습니다.

/ 내일을 준비하는 복음

·복음은 삶 속에서 어떻게 나타나는가?

·10년 뒤 세상과 나는 어떻게 변해 있을까?

·그러니, 오늘 무엇을 준비해야 하는가?

·성령 충만으로 나아가는 기도

예수 그리스도를 믿으면서도 얽매여 사는 분들이 많습니다. 그러나 저는 그렇지 않았습니다. 목회 중에도 전별금이나 은퇴비를 받은 적이 없습니다. 그러한 상황에서도 미래에 대해 염려하지 않았습니다. 왜냐하면 저를 6.25 전쟁의 혼란 속에서도 살아남게 하신 하나님이 지금도 저를 돌보신다는 확신이 있었기 때문입니다. 당시 우리나라의 1인당 국민소득(GNP)이 60달러 수준이었지만, 하나님께서 그때도 살려주셨습니다. 지금은 쓰레기통을 뒤져도 그때 비하면 중산층이라는 생각으로, 걱정할 이유가 없었습니다.

후배들에게도 자주 말합니다. "개척교회에서 여기까지 왔다면, 은퇴 후에도 하나님이 돌보실 것입니다 평생 하나님을 섬기며 살아온 당신이 이제 와서 왜 걱정합니까?" 제 아들들에게도 같은 말을 전합니다. 그렇기에 요즘 목회자들이 직장인처럼 행동하는 것을 보면 안타깝습니다. 저희는 매일 교회에 나가는 것이 당연한 시대를 살았고, 교회에 가지 않으면 죄를 범하는 것처럼 느꼈습니다. 하지만 요즘은 시대가 많이 바뀌었습니다. 교회의 감소와 문을 닫는 교회의 증가를 이야기하며 현실을 우려하지만, 저는 이렇게 대답합니다.

"성경을 보면, 가장 악한 왕이 다스리던 시절에도 엘리야는 까마귀가 빵과 고기를 물어다 주는 은혜를 경험했습니다 오늘날 저는 까마귀보다 더 귀한 성도를 통해 하나님께서 공급하시는 것을 봅니다 하나님은 항상 먹을 것과 돕는 사람을 예비해 두셨습니다 이 세상 끝날 때까지 진실한 종은 염려할 필요가 없습니다 문제는 내가 하나님 앞에서 바로 서 있느냐, 그것뿐입니다." 저는 이 메시지를 제 아들들에게, 그리고 만나는 모든 이들에게 전합니다. 중요한 것은 세상이 아닌 하나님 앞에서 우리가 어떻게 서 있는가를 늘 고민하며 살아가는 것입니다. 하나님은 언제나 그분의 종들을 책임지시고, 그분의 길로 인도해 주십니다.

10년 뒤 세상과 나는 어떻게 변해 있을까?

대담자

또 한 번 여쭤보겠습니다. 10년 뒤는 우리의 모습은 어떻게 변해 있을까요?

김성길 목사님

저는 그 질문이 성경적이지 않다고 생각합니다. 왜냐하면 우리는 한 치 앞도 알 수 없는 존재이기 때문입니다. 하지만 개인적인 생각과 기도로 희망을 품고 싶습니다. 한국 교회가 복음을 먼저 받은 유럽 교회나 북미 교회, 남미 교회를 다시 살리는 도구로 하나님께 쓰임 받을 것이라는 믿음과 희망을 품고 있습니다. 그것은 제 기도 제목이자 희망 사항입니다. 하나님께서 마지막 때에 우리를 제사장 나라처럼 사용하실 것이라는 기대를 품고 있습니다.

그러나 동시에 우려되는 부분도 있습니다. 우리가 유럽이나 미국 교회를 배우고, 그들을 따라가려는 시도가 계속된다면 교회가 침체

하지 않을까 하는 걱정입니다. 이미 많은 면에서 우리는 그들의 길을 따라가고 있습니다. 특히 교회론이나 성직자에 대한 존경과 섬김의 개념이 약해지고 있는 모습이 그렇습니다. 목회자가 성도에게 존경받지 못하면, 신앙이 성장하기 어렵습니다. 그런데 지금, 한국 교회에는 이러한 존경을 짓밟는 행태가 늘어나고 있는 것도 사실입니다. 이를 통해 많은 문제가 발생하고 있습니다. 목회자 중에는 대형 교회의 성공과 인기를 누리면서도, 어려운 목회자들이나 성도를 돕지 않고 오히려 무시하는 태도를 보이는 경우도 있습니다. 교회 내에서 존경과 섬김의 문화가 무너지고, 목회자가 자랑거리로 전락하면 성도의 신앙이 자라나기 힘듭니다. 이러한 현실은 한국 교회를 점점 약화시키고 있습니다.

희망적인 미래를 본다면, 한국 교회는 초대 교회의 정신으로 돌아가 부흥의 역사를 새롭게 써 내려갈 수 있다고 믿습니다. 특히 남북통일이 이루어지고, 북한에 삼천 교회가 다시 세워지는 날이 올 것이라는 기대를 품고 있습니다. 하나님께서 우리나라를 영적으로, 재정적으로 부유하게 하신 이유는 그 부를 복음 전파의 도구로 사용하시기 위함이라고 믿습니다.

제 개인적인 경험을 하나 나누고 싶습니다. 독일을 방문했을 때, 독일 장로교 전 총회장이 저를 초대해 바베큐 파티를 열어주셨습니다. 식사 후에 그분이 물었습니다. "목사님, 대한민국이 6.25 전쟁의 잿더미에서 이렇게 부강한 나라가 된 이유가 무엇이라고 생각하십니까?" 그 질문에 저는 긴장하며 하나님께 기도했습니다. 그리고 대답했습니다. "정치인에게 물으면 정치적인 답이 나올 것이고, 경제인에게 물으면 경제적인 답이 있을 겁니다. 그러나 저는 목사로서 답하겠습니다. 한국 교회가 복음의 중심에 설 수 있었던 이유는 북한의 공산주의 무신론 세력이 항상 대한민국을 위협해 왔기 때문입니다. 이러한 긴장 속에서 한국 교회는 하나님의 보호하심과 도우심을 간절히 구하며 성장했습니다. 그리고 한국 교회의 부흥이 1970년대 후반부터 시작되면서 대한민국의 재정적 성장이 폭발적으로 일어났습니다. 저는 교회의 영적 성장과 물질적 축복은 함께 오는 것이라고 믿습니다." 그 말을 들은 그분이 크게 손뼉을 치며 동의해 주셨습니다. 그 순간, 저는 한국 교회의 부흥과 하나님의 은혜를 다시 한번 실감할 수 있었습니다. 그리고 한국 교회의 미래와 대한민국을 위해 더욱 기도해야겠다는 마음을 품게 했습니다.

특히 젊은 세대와 다음 세대를 생각하며 꼭 나누고 싶은 메시지가 있습니다. 누군가 말했듯, "내일 세상이 끝날지라도 오늘 나는 사과나무를 심겠다"라는 결심처럼, 우리는 미래를 향한 희망을 포기하지 말아야 합니다. 지금의 상황이 아무리 암담하게 여겨지더라도, 목회자는 희망을 외쳐야 한다고 믿습니다. 그것이 바로 목회자로서, 그리고 복음의 일꾼으로서의 존재 이유라고 생각합니다.

한국 교회와 나라를 위한 기도는 끊임없이 이어져야 합니다. 어려움 속에서도 하나님의 사랑과 은혜를 붙잡고, 그 사랑을 세상에 전하며 희망의 씨앗을 심어가는 것, 그것이 우리의 사명입니다.

그러니, 오늘 무엇을 준비해야 하는가?

대담자

마지막 질문입니다. 그러면 목사님 오늘 시은소교회 성도 그리고 또 한국 교회 목회자들은 무엇을 준비해야 할까요?

김성길 목사님

기름을 준비해야 등불을 밝힐 수 있습니다. 한국 교회에 여전히 좋은 점이 있다면, 그것은 제자훈련, 바이블 스터디, 다락방 모임, 그리고 성경공부 등 말씀을 중심으로 한 다양한 활동이 활발하다는 것입니다. 하지만 한편으로는, 기도에 대한 열정이 점차 식어가고 있다는 점이 걱정스럽습니다. 현재 위기의식을 크게 느끼지 못하는 시대적 상황도 이유가 될 수 있겠지만, 기도가 부족하면 성령의 역사를 경험하기 어렵다는 것이 사실입니다. 성경을 66권 다 외운다 해도, 그 말씀을 오늘 나에게 주시는 성령의 레마로 받아들이지 못하면, 그 안에 감동과 능력을 느끼기 힘듭니다. 감동이 없다면 헌신도 뒤따르지 않습니다. 그래서 지금 필요한 것은 기도에 열중하고, 성령님을 의지하며 성령의 역사를 구하는 자세라고 생각합니다.

그렇기에 성령 운동은 모든 교회가 새롭게 주목해야 할 과제입니다. 현재 미국에서 장로교 교회는 점차 사라지고 있습니다. 그나마 부흥하는 교회는 침례교나 순복음 계열의 교회들입니다. 남미에서도 샤머니즘적 요소가 섞인 모습이 있긴 하지만, 순복음적인 교회들이 성장세를 보입니다. 브라질에는 세계에서 가장 큰 교회가 자리 잡고 있고, 호주의 힐송 교회 역시 활발한 예배와 역동적인 사역을 통해 많은 성도에게 영향을 미치고 있습니다.

반면, 우리의 현실은 설교 시간이 25분만 넘어가도 스마트폰을 확인하고 엉덩이를 들썩이는 성도의 모습을 자주 보게 됩니다. 성경을 가르치는 것은 중요하지만, 단순한 공부로만 끝난다면 신앙은 깊어지지 않습니다. 진정한 신앙을 심어주어야 합니다. 과거에는 글을 모르는 할머니들도 믿음만으로 천국의 소망을 품고 살아갔습니다. 성경 한 자도 읽지 못했지만, 그들의 믿음은 흔들리지 않았습니다.

저 역시 어린 시절 고아원에서 아침 식사 전에 성경 한 구절을 외우지 않으면 밥을 먹을 수 없던 경험이 있습니다. 그렇게 13년 동안 성경을 암송하며 살았지만, 성령의 역사는 암송만으로 이루어지는 것이 아니었습니다. 성령께서 말씀을 통해 역사하시지만, 그것을 가능하게 하는 것은 기도와 성령님에 대한 전적인 의지였습니다. 이제 우리가 모두 기도와 성령의 역사에 더 깊이 의지해야 할 때라고 믿습니다. 성경공부와 암송도 중요하지만, 그보다 더 중요한 것은 성령의 감동을 통해 말씀을 삶 속에서 살아 움직이는 능력으로 받아들이는 것입니다.

성령 충만으로 나아가는 기도

대담자

너무 좋습니다. 목사님 마지막 질문 한 가지만 더 드려도 될까요? 이 질문은 목회자에게도 그리고 성도에게도 동일하게 적용이 되는 건데요. '성경공부와 같은 신앙 교육에서 끝을 보는 게 아니라 기도까지 나아가야 한다'라고 말씀하신 건데, 성령 충만하도록 목회자와 성도가 더 기도할 수 있게 되는 원인이 어떤 것에 있다고 생각하시는 걸까요?

김성길 목사님

기도도 목회자가 가르쳐야 하고, 그 가치를 성도에게 보여야 한다고 생각합니다. 그래서 저는 교회에서 통성 기도를 하거나 기도회를 하는 것을 매우 중요하게 여깁니다. 처음에는 기도할 때 할 말이 없을 수도 있습니다. 두세 마디 기도하고 나면 지구 한 바퀴를 도는 것처럼 느껴지고, 같은 말을 반복하게 되는 경우도 있지요. 하지만 그게 중요한 게 아닙니다. 중요한 건 기도의 시간을 많이 가져야 한다는 것입니다. 기도를 반복하며 계속하면, 결국 기도라는 것이 무엇인지 본인들이 깨닫게 되더라고요.

기도를 처음 시작할 땐 그렇습니다. 내가 필요한 것, 내가 원하는 것, 내가 아쉬운 것, 혹은 내가 괴로운 것들을 말하게 되지요. 하지만 기도를 통해 하나님을 더 가까이 느끼고자 노력하게 되면, 어느 순간

기도의 본질을 이해하게 됩니다. 마치 어린아이가 점점 성장하여 장성한 사람이 되는 것처럼요. "어린아이의 일을 버렸다"라고 하지만, 그 어린아이를 없앤 건 아니지 않습니까? 처음의 단계를 거쳐야만 성숙한 모습으로 나아갈 수 있는 법이지요.

목회하면서 제가 느낀 점 중 하나는, 처음 교회에 나온 사람들이 기도를 통해 병이 낫거나 문제를 해결 받는 경우가 많다는 겁니다. 하나님께서 그들이 성경을 모르고, 예수님을 모르더라도 표적을 보여주심으로써 믿음을 가지게 하시는 거지요. 바울 사도도 그랬습니다. 그는 "내가 너희에게 복음을 전할 때 말로만 한 것이 아니라, 하나님의 능력과 은사로 전했다"라고 말하지 않았습니까? 예수님께서도 "내가 하는 말을 믿지 못하겠거든, 내가 행하는 일을 보고 믿으라"라고 하셨습니다. 기적은 믿음을 위한 중요한 도구가 됩니다.

그렇다고 모든 목회자가 같은 방식으로 사역해야 한다고 말하는 건 아닙니다. 목사님마다 다들 은사가 다릅니다. 이 은사를 기도와 함께 드리며 사용한다면, 그 은사가 더욱 찬란히 빛날 것입니다. 그러나 제가 지금 말씀드리는 것은 보편적인 목회자를 대상으로 한 이야기입니다. 특별한 경우는 언제나 있지요.

또 한 가지 느낀 점, 지식이 많거나 권력을 가진 사람들이 하나님 앞에서 겸손히 순종하기가 어렵다는 사실입니다. 성경을 봐도 그렇습니다. 서기관, 바리새인, 제사장 같은 사람들은 예수님을 믿지 않았잖아요? 그들은 경건하고 학식이 있는 사람들이었지만, 자기 의지가 너무 강했습니다. 반면, 성경에서 가장 크게 쓰인 사람들은 누구입니까? 모세, 다니엘, 바울… 모두 학자들이었습니다. 이들은 지성인으로서 겸손해졌을 때 하나님께 크게 쓰임 받았습니다. 하지만 겸손해지는 것이 그만큼 어려운 일이기도 하지요.

그래서 제가 항상 느끼는 것은, 결국 겸손과 순종의 마음이 하나님 앞에서 가장 중요한 자질이라는 점입니다. 기도를 통해, 그리고 자신을 비우는 노력을 통해 그 길로 나아갈 수 있다고 믿습니다.

대담자
너무 좋은 인터뷰였습니다. 감사합니다.

맺는말 _

"그래서 결국, 하나님만 남았습니다"

책의 마지막 장을 덮듯 지난 삶을 돌아보니, 문득 아련한 기억 저편, 사랑하는 어머니의 무릎에 기대어 듣던 찬송가 한 소절이 가슴속에 울려 퍼집니다. "예수께로 가면 나는 기뻐요…"

어느덧 세월은 강물처럼 흘러, 어머니의 연세를 훌쩍 넘긴 제 나이도 여든에 이르렀습니다. 살아보니, 찬송가의 그 가사가 얼마나 진실했는지 모릅니다. 예수님을 따라 걸어온 이 길이 참된 복이었습니다. 그분의 말씀에 순종하며 살아온 모든 순간이 은혜였습니다.

지나온 팔십 성상을 되돌아보며 가슴 깊이 고백할 수 있는 단 한 가지는 이것입니다. "저에게 남은 건 자랑이 아닌 오롯한 감사뿐입니다. 선명하게 기억나는 것은 높이 올랐던 순간들이 아니라, 무릎 꿇었던 새벽녘에 만나 주셨던 하나님의 은혜뿐입니다." 제 삶의 이름 모를 수많은 날 속에서도, 하나님께서는 기댈 곳 없던 저를 잊지 않으시고 따스하게 감싸 안아 주셨습니다. 세상의 인정과 관심은 바람결에 스러져도 주님의 손길은 단 한 번도 저를 놓지 않으셨습니다.

그러하기에 저는 그것만으로도 족하다고 고백합니다. 살아온 제 삶에는 결국, 하나님 한 분만이 남으셨습니다. 아니, 처음부터 하나님만이 모든 것이었습니다.

저는 목회자로 살아오며 기쁨과 감격의 순간들이 참으로 많았습니다. 그러나 때때로 고난의 십자가를 짊어져야 할 때면, 내 인생의 고백 "나는 슬플 때 눈물 흘리지 않는다오. 난 기쁠 때 눈물 흘린다오."라는 다짐을 되새기곤 했습니다. 슬픔 많은 인생길에서도 말씀 한 구절에 힘입어, 성도 한 사람의 기도에 기대어, 어린아이의 해맑은 웃음소리 하나에 다시금 일어설 용기를 얻었습니다.

이제는 제 이름 석 자보다 하나님의 존귀하신 이름만이 더욱 드러나기를 소망합니다. 제 미약한 목소리보다 하나님의 말씀이 온 누리에 더 힘차게 울려 퍼지길 간절히 소원합니다. 그리고 이 글을 읽는 어느 한 분의 가슴에도 이 고백이, 소리 없이 스며들되 깊은 울림으로 남아 있기를 간절히 기도합니다.

"그래서 결국, 하나님만 남았습니다."

저는 여전히 심히 부족한 자입니다. 하지만 오늘도 변함없이 하나님 앞에 무릎을 꿇습니다. 그리고 마음 다해 기도합니다. 어제 부어주신 은혜에 깊이 감사드리며, 오늘 허락하신 숨결 하나에도 경탄하며, 내일 우리와 함께하실 주님을 설렘으로 소망합니다.

부디 이 미약한 글이, 어느 지친 영혼의 마음에 다가가 속삭여 주기를 소망합니다.

"괜찮다고, 여기까지 걸어온 것만으로도 이미 충분한 은혜라고…"

그리고 우리 모두, 그 거룩하신 하나님 이름 하나만으로 모든 것이 만족스러웠던 그 첫사랑의 날들을 잊지 않기를 바랍니다.

"주님, 제 삶의 마지막 순간까지, 주님의 크신 은혜로 감격의 눈물, 기쁨의 눈물이 마르지 않게 하옵소서."

Grace 지금까지 살아온 고백들

초판	1쇄 발행
발행일	2025.05.16
지은이	김성길
펴낸이	김일환
총괄	박지원
편집	정연미 강해라
디자인	홍성미 고은비
마케팅	박주영
경영지원	임태현 박찬윤
펴낸곳	우리가본어라운드

우리가본 어라운드는, '교회'를 둘러싼 모든 미디어를 '1:1' 메칭으로 제작해 드리는 서비스입니다.
월 구독 서비스로 진행이되며, 일대일 메칭을 통한, 최고의 작가가 제작하는 프리미엄 디자인과,
시그니처한 영상제작을 경험할수 있습니다.
또한 1:1 메칭을 통한 교회의 최적화된 홈페이지 제작과 최상급의 출판 서비스를 경험할수 있습니다.

-

주소 07387 서울특별시 영등포구 신길로 165(신길동) 3층
전화 070-8080-3731

이메일 kih1037@naver.com
홈페이지 www.urigabonchurch.com
인스타그램 instagram.com/urigabon_around

책값 뒤표지에 있습니다.
ISBN 979-11-964985-9-7
-

우리가본 어라운드 수칙

1. 시대의 흐름에 휩쓸리지 않고 살아있는 진리를 전한다.
2. 하나님께 배우고 인도받는 겸손한 자세로 나아간다.
3. 작가와 협력하여 하나님의 뜻을 담은 책을 만든다.
4. 책의 영적 깊이와 품질을 최우선으로 한다.
5. 독자의 신앙적 필요에 귀 기울인다.
6. 책을 통한 복음 전파를 사명으로 삼는다.